社会工作抗疫丛书

要发挥社会工作的专业优势，

支持广大社工、义工和志愿者开展

心理疏导、情绪支持、保障支持等服务。

习近平

2020年2月23日

社会工作抗疫丛书

献给

在那段不平凡的日子里

发挥专业优势、参与疫情防控的广大社会工作者

国家出版基金项目
NATIONAL PUBLICATION FOUNDATION

丛书组编 中国社会工作教育协会
丛书主编 马凤芝
丛书执行主编 沈 黎

社会工作抗疫丛书

疫情下的创伤干预
社会工作实务

任敏 编著

華東理工大學出版社
EAST CHINA UNIVERSITY OF SCIENCE AND TECHNOLOGY PRESS
·上海·

图书在版编目(CIP)数据

疫情下的创伤干预社会工作实务/任敏编著.—上海：华东理工大学出版社，2023.12
(社会工作抗疫丛书/马凤芝主编)
ISBN 978-7-5628-7037-1

Ⅰ.①疫… Ⅱ.①任… Ⅲ.①新型冠状病毒-病毒病-心理干预-社会工作-研究-中国 Ⅳ.①R395.6

中国国家版本馆 CIP 数据核字(2024)第 007561 号

策划编辑 / 刘　军
责任编辑 / 孟媛利
责任校对 / 王雪飞
装帧设计 / 徐　蓉
出版发行 / 华东理工大学出版社有限公司
地址：上海市梅陇路 130 号，200237
电话：021-64250306
网址：www.ecustpress.cn
邮箱：zongbianban@ecustpress.cn
印　　刷 / 上海雅昌艺术印刷有限公司
开　　本 / 890 mm × 1240 mm　1/32
印　　张 / 7.25
字　　数 / 173 千字
版　　次 / 2023 年 12 月第 1 版
印　　次 / 2023 年 12 月第 1 次
定　　价 / 58.00 元

内容提要

新冠疫情期间，中国社会工作教育协会组织海内外华人哀伤辅导专家开展了“疫情中的哀伤辅导”系列公益讲座，其讲稿被整理成两册，分别为《疫情丧亲者的哀伤辅导社会工作实务》和《疫情下的创伤干预社会工作实务》。本书为后者，主题是疫情中的创伤干预，包括延长哀伤障碍、创伤后应激障碍（PTSD）等常见创伤的识别、测量与干预，以及焦点方法、创伤知情、意义重建和成长取向等干预实践的操作技术与案例展示。

这是一般丧亲哀伤辅导理论和技术响应疫情中丧亲者的哀伤疗愈和创伤干预之需求的理论成果，既可用于指导疫情中丧亲者的哀伤辅导，也可广泛应用于同类突发公共卫生事件中的丧亲人群，乃至一切丧亲事件中的哀伤者救助。

社会工作抗疫丛书

主编序言

2020年年初，突如其来的新冠疫情横扫中华大地。此次疫情百年未遇，波及范围广泛。在疫情突发、全国人民齐心协力抗击疫情的日子里，中国社会工作教育协会和全国社会工作专业院校的师生经历了个人生活与专业实践整合、个人生活与国家社会命运联结的一段特殊又非凡的岁月。总结那些日子社会工作参与疫情防控工作的实践经验，对发挥社会工作在应对突发疫情时和疫情防控工作中的角色功能，完善突发社会公共卫生事件应急治理体系，以及提升国家治理能力具有重要意义。

一、坚守社会主义核心价值观和社会工作伦理，迅速行动，主动作为担当

新冠疫情发生伊始，中国社会工作教育协会在第一时间就发出了倡议，号召社会工作专业参与疫情防控，号召会员单位、社会工作专业师生积极行动，发挥社会工作专业的独特作用，根据自身情况，以各种方式参与到疫情防控工作中。同时，中国社会工作教育协会提出了组织高校社会工作专业师生参与疫情防控工作的原则，并做了具体的工作部署。

第一，社会工作专业要积极行动，承担专业责任。有关高校要积极响应习近平总书记和党中央的号召，发挥社会工作专业的独特功能，在积极参与国家重大事件中彰显专业能力，承

担专业社会责任。

第二，明确提出在党和政府统一领导下工作的原则。社会工作专业参与疫情防控工作，要主动寻求党和政府指导，在党和政府统一指挥下，积极建言献策，提供社会工作专业服务。

第三，提出了社会工作服务的模式和初步设想。社会工作专业师生参与疫情防控工作，要在地方民政部门和卫健委协调下，建立社会工作联合服务组织和网络平台，统一发布信息，统一调配资源和人手。

第四，提出了社会工作参与疫情防控工作的重点领域和服务内容。在疫情防控中，社会工作专业重点服务社区和医疗场所两个场域。社会工作专业部门要积极联合民政部门和卫健委，在当地民政部门和卫健委的部署领导下，为医护人员及其家属提供减压服务，为病患及其家属提供心理和情绪疏导服务，为社区工作者提供培训和支持服务，宣传社区疫病预防知识，关注社区弱势群体需要并提供相应服务。此外，社会工作专业部门要在志愿者服务培训方面开展专业服务。

为组织协调疫情防控工作，中国教育协会成立了中国社会工作教育协会社会工作参与疫情防控工作小组，副会长和副秘书长分工负责各片区相关工作，组织和协调全国高校社会工作专业师生、会员单位参与疫情防控工作。在中国教育协会的号召和组织下，各高校社会工作专业师生和会员单位积极行动，发挥社会工作专业的独特作用，以各种方式参与了抗击疫情工作。

二、用专业知识服务疫情防控工作

在疫情防控工作的第一阶段，在社会工作机构和社会组织行动起来的情况下，迫切需要对疫情防控工作中的社会工作专业服务规范做好指引，以保证社会工作服务品质和对社会需求的有效回应。为打好打赢这场没有硝烟的疫情防控人民战争，中国社会工作教育协会第一时间召集 11 所高校的社会工作专家学者编写了《社会工作参与新型冠状病毒肺炎疫情防控工作实务指引》（以下简称《指引》），他们在两天时间内完成了编写任务，第三天就在中国社会工作教育协会的“社工抗疫之声”公众号上发布，供全国社会工作机构和基层社区工作者使用。此《指引》不仅对指导会员单位参与疫情防控工作发挥了作用，还指导社会工作师生专业规范地回应社会需要，为灾区群众提供服务，更为社会工作机构和社区工作者参与疫情防控提供了及时的专业服务指引，得到了业内广泛好评。随着疫情的变化及前线的试行使用，我们也不断地对《指引》进行了补充和完善。

在新冠疫情防控的关键时期，习近平总书记要求把人民群众生命安全和身体健康放在第一位，制定周密方案、组织各方力量开展防控，采取切实有效措施，坚决遏制疫情蔓延势头。为了传播社会工作疫情防控的理论和方法、链接资源、沟通消息、对公众进行疫情防控知识宣传教育、预防社会问题的发生，中国社会工作教育协会设立了“社工抗疫之声”微信公众号，以此为阵地，在线上及时发布面向一线社区工作者、专业社会工作机构、社区志愿者、社区居民等群体的社区抗疫防疫的相关知识和信息。从 2020 年 2 月初到 5 月，“社工抗疫之声”微信公众号累计发文 200 余篇，阅读量达 10 万余人次。根据疫情防控工作的需要，中国社会工作教育协会的服务水平不断提升，实现了从线下到线上，从社区到家庭和个人，从公众教育到丧亲者的哀伤辅导与家庭复原和社区防疫力抗疫力建设的飞跃。为了给前线社会工作者、社区工作者和志愿者提供支持，中国社会工作教育协会特别设计、组织开设了社会工作参与新冠疫情防控在线课程，通过直播、录播、沙龙、论坛等多种形式，依据抗疫一线工作人员的情况反馈，针对社区抗疫情况不断增设培训课程，为全国社会工作者、社区工作者和志愿者提供服务指引课程、线上服务模式课程、危机干预以及专门的哀伤辅导课程。截至 2020 年 5 月，在民政部慈善与社会工作司的指导下，中国社会工作教育协会开播了 13 个系列的公益性社会工作疫情防控专题课程，课程总时长近 120 小时，学习者超 8 万人次，受到社会各界的认可和好评，发挥了社会工作教育为前线社会工作参与疫情防控提供专业支持的作用。

2020 年 2 月 23 日，习近平总书记出席统筹推进新冠肺炎疫情防控和经济社会发展工作部署会议并发表重要讲话，他特别指示："要发挥社会工作的专业优势，支持广大社会工作者和志愿者开展心理疏导、情绪支持、保障支持等服务。"习近平总书记的话是对全国社会工作者参与疫情防控工作的鼓励和肯定。

三、专业精准评估，科学施策服务

社会工作参与疫情防控工作，有一定的理论支撑，有一套方法技术，其在疫情防控各阶段对个人、家庭、社群的社会需要的回应及其专业服务，涵盖了从宏观社会政策倡导到微观社群服务等方面。

新冠疫情的影响范围是全国性的，波及全国范围内的社区、家庭和个人，对社会经济运行和人民生活产生了严重影响。国内外的历史经验表明，如果一个国家在发生重大社会公共卫生事件时救灾和响应机制不完善，应对出现重大失误，就有可能引发社会动乱，甚至影响到整个国家的稳定。突发疫情对整个社会提出的问题是：疫情防控期间如何组织社会生活？如何预防疫情连带而来的社会问题的出现？为了预防和解决诸多社会问题，社会工作应当为社区、家庭、个人提供什么帮助，以满足疫情防控状态下的特殊需要，保证社区、家庭和个人与社会间良好的社会联结，进而保持社会秩序稳定，使人们保持身心健康？

新冠病毒传播异常迅速，波及范围广泛，造成了巨大的伤痛。疫情暴发初期，社会工作专业教育者所具备的“专业敏感”告诉我们，此时社会工作需要即刻行动，回应因疫情产生的社会需要，这主要基于专业的预见和判断：第一，由于疫情防控需要所采取的各项措施在保护生命的同时，将对社会经济运行和人民生活产生严重影响，因此需要对公众进行疫情防控知识宣传和教育，关注公众的社会心理反应。第二，要关注社会弱势群体的需求满足和因其脆弱性而产生的问题，因为突发的社会公共卫生事件对不同社会成员的影响是不同的。社会弱势群体，在具体的社区封控期间的就医、信息掌握、资源获取、能够获得的社会支持网络的质量和数量，以及与社会的联结形态等方面，与其他社会成员相比大都有所不同，其所拥有的金钱与物质保障也不同。社会工作者要对这些群体及时进行需求评估，并且制定好预防问题发生和解决问题的方案。

突发的疫情和疫情防控工作的特殊性对传统社会工作服务

提出了挑战。全国各地都有不同的服务需求，特殊时期的服务方式与之前的危机干预社会工作有很大不同。为回应需要，除线下服务外，中国社会工作教育协会依托各专业委员会，根据疫情防控工作的进展，先后组织建立起十多支协会统一领导的服务工作队伍，有计划、有针对性地开展疫情防控社会工作服务和研究，形成了线上远程跨区域服务模式、线上下沉社区服务模式、线上远程国际社区服务模式等创新性的服务模式。

疫情防控是全民共同参与的总体战、阻击战，是一项“系统工程”，每个环节都不容忽视。打赢疫情防控战，有两条关键战线：一是医疗战线，即医生治病救人；二是社区战线，即人们居家阻断传染链。因此，医院和社区成了社会工作重点服务的领域，而社区防控工作成效直接影响着疫情防控战的成败。

居家防疫状态下，社区成了一个封闭的小社会，所有的社会生活需求都要在社区中得到满足，各种原本潜在的个人、家庭、邻里间的问题和矛盾同样可能因封闭的环境而集中显现，满足人们需要的资源因疫情防控等特殊条件会捉襟见肘，由此形成社区需求与回应需要满足能力间的聚集性张力。人们在疫情防控这种特定情境中生活，围绕家庭成员患病和治疗所产生的紧张、焦虑，会带来个体的“心理健康”问题，人们会因生活不便而产生不满甚至愤怒情绪。上述所有问题集中呈现，便形成了对社区工作的“挤兑”，稍有不慎就会激化出不可收拾的矛盾，这些也考验着社会和社区的治理能力。此时社会工作者需要即刻行动，回应因疫情而产生的社会需要，服务社区、家庭和个人。第一，服务社区。关注每个人、每个家庭，给社区中弱势群体以关怀，特别是关注弱势群体的需要满足和服务，包括独居老人、留守儿童、残疾人以及低收入家庭等，使他们的生活不因信息和物资匮乏而受困。第二，支持在疫情下负重“逆行”的社区和各部门工作者、志愿者开展服务工作，对这些人进行社区工作方法和技能培训，使之为社区提供有效能的服务，防止因知识不足而导致工作疏漏。

四、从优势视角出发增能社区，以能力建设增强社区团结和社会联结

疫情防控是对社区治理能力的考验，既要有强大的行政工作力量组织起有序的社区生活，又要有精细化的社会工作力量去满足社区居民需求并破解各种难题。专业的社会工作与行政性的社区工作目标一致、工作对象上有交叉点，但不等于行政工作。例如，在突发的疫情面前，社会工作专业以专业知识、价值评估疫情防控可能对社会经济运行和人们正常生活带来的影响，从提供满足社群需要的服务到为预防社会性问题发生而进行的公众宣传教育，从心理辅导、情绪支持到为弱势群体提供物质援助，致力于预防和解决问题，提升个人和社区解决问题的能力。其背后是社会工作以人为本、尊重和重视人的价值基础和专业工作理念。

第一，以人际联结增强个人和社区的心理纽带和联结感，促进个人和社区的心理健康。

社会工作和心理咨询都强调处理疫情防控下可能产生的心理健康问题，都会教授人们通过自我情绪疏导法来缓解各种紧张和焦虑问题，都会从公众宣传教育入手，让每个人掌握与疫情防控有关的知识并获得安全感，以预防和消除恐慌、紧张和

焦虑等不良心理。但社会工作强调人与社会的联结是个人、社群心理社会功能良好发挥的前提条件，认为心理健康问题既是个体的问题，又与其所处的环境有密切关系；社会工作强调和关注社会结构因素、社会环境和社会脉络对人们生活的影响，注重个体与社会关系的状态，强调每个人良好的身心健康离不开良好的社会联结下的人际关系。为此，中国社会工作教育协会疫情防控社会工作的服务方案都强调关注弱势群体，特别是疫情中的独居老人、残疾人、留守儿童和低收入家庭，关注他们与社区的联系情况，重视消除社会排斥，以社区联结和人际纽带为个体和家庭增添力量，促进社区心理健康。在疫情防控中，社会工作注重评估了解社区资源和运用生物—心理—社会方法，并将此方法运用到我们的技能培训中，以支持服务对象、患者和社区。

第二，关注弱势群体需要，实现公平正义。

社会工作注重以人为本，关注疫情中弱势群体的社会处境。在突发疫情和公共卫生事件中，不同的社会阶层、不同的地理位置受疫情影响的状况不同。社会工作关注个体和社群与更广大社会系统的联结，消除不平等，防止在马太效应下脆弱人群的劣势积累。例如，疫情防控下边远贫困地区低收入家庭青少年停课期间是否因没有学习所需的手机或电脑而无法正常学习？在新媒体技术快速发展的背景下，对某些弱势群体不利处境的关注也是十分重要的议题。

第三，建设关怀社区，以社区凝聚力促进社区团结互助，提升社区抗逆力。

社区对个体来说蕴含积极的社会意义。“社区”包含两种情况，一种是指居住在同一地域上的社群，一种是指具有某种共同身份认同的功能社群。这两种社区结合在一起形成了人际关系网络。对于现代人来说，每个人既是所居住地域的一分子，又属于某一社会团体。“社区”具有以下特征：一是社区成员具有“感情联结”；二是“特殊主义”取向，不同于“公事公办”“不讲情面”的“普遍主义”取向；三是集体取向，认同整体利益和由此引发出的集体身份认同，以实现整体利益为出发点的“利他主义”行为和个人对集体的忠诚与投入。由以上特征发展出社区成员间基于“我们”认知上的归属感和认同感，并进一步发展出“社区意识”。社会工作强调社区应该被视为一个网络，包括非正式人际关系网络，在社区中每个人因为血缘联结、共同兴趣、居住地域、友情、工作等关系联结起来。网络内的各部分都发挥功能，以个人或集体的形式去回应他人的困境，帮助面对困境的人士。

疫情防控社会工作在社区中的工作方案和实务的目标是：第一，维持每个人的社区生活和社区联结，使生活在社区里的人们团结起来，具有归属感，建立友谊；第二，强调建立关怀社区，让家庭和社区积极参与疫情防控工作并为社区和邻里提供支援，建立有效的支持系统和网络，增强社区的团结互助，增强社区抗逆力。

第四，以优势视角助力社区能力提升。

社会工作关注每个人的身心健康。身心健康是个人乃至家庭和社区发挥良好社会功能的基础和条件。如前所述，社会工作能够清楚地评估和辨识出在疫情防控处境中可能出现的个体身心健康和社区问题，但社会工作解决问题的理念不同于单纯的心理咨询或心理辅导。社会工作对“心理健康”问题不做个人归因，而是将个人问题放到社会脉络中，认为需求未被满足是问题产生的原因，因而个人问题背后都有结构性的原因；将人们与社会、社区和家庭进行联结，而不是将问题简单归结于个人或者个人心理问题。社会工作并不是一味给予，而是做能力建设、能力提升。社会工作者相信，每个人、每个家庭和每个社区都存在资源，可以用于解决问题，克服困难，使其进步和成长。因此，在疫情防控中，人们需要团结，需要互相扶持，需要相互信任，也需要理解和包容。为社区增能，发掘、激发和调动社区资源，进行社区能力建设，是消除问题的根本之计。以社区为本的疫情防控社会工作强调从治理角度到服务意识的转变。在疫情防控中，如何让生活在同一个社区里的人意识到“我们在一起”的重要性，团结合作，理解包容，从而带给邻居、他人友谊和温暖，需要社会工作者对社区生活有充分的了解，也需要社会工作者更好地认识社区脉络、社会结构、人际联结、人际关系的重要性。

疫情防控社会工作服务方案包含对有需要的个人、家庭、社区及所涉及的各类人群的服务。社会工作者应采取以社区为本的策略，在社区中满足需求，化解矛盾，促进社区能力的提升，为疫情防控筑牢社区这道防线。围绕社区赋能的目标，中国社会工作教育协会组织专家力量，在2020年1月27日筹备完成并陆续实施了下述工作和服务：① 开展“2+3”线上社区下沉抗疫服务；② 开展“隔离人员”线上社会支持服务；③ 进行医护人员及其家属心理社会支持服务；④ 进行社区工作者心理社会支持服务；⑤ 建立全国高校社会工作专家服务库；⑥ 组织成立社会工作者志愿服务团队；⑦ 建立资源和服务人员需求信息发布平台，以统一调配资源和服务；⑧ 建立与政府部门协调工作的渠道；⑨ 通过线上服务平台，招募资深社会工作者为医护人员提供线上心理疏导解压服务。疫情防控社会工作服务分布在全国各地，形成了多领域的服务模式，包括武汉市江汉区北湖街“2+3”线上社区下沉抗疫服务项目，黄冈市新冠疫情防控服务项目，黑龙江省“1+4 政社联动”新冠疫情社区防控社会工作支持项目，陕西省社会工作抗击疫情专业支持服务体系建设项目，天津市河东区抗疫情暖心医护人员支援服务计划项目，北京市社区守护者服务项目，湖北青少年、家庭和亲子服务项目，湖北地区养老院服务项目。

中国地域辽阔，人口众多，自然灾害频仍，疫情和突发公共卫生危机也考验着各级政府的社会治理能力。认真总结疫情防控中社会工作的实践经验，将社会工作纳入社会风险防控体系和常态工作中，是实现国家治理体系和治理能力现代化的重要举措。“社会工作抗疫丛书”既是中国社会工作教育工作者在疫情防控工作中的记录，又是对社会工作参与疫情防控工作的实践经验总结的成果，更是社会工作教育者知识传播、教育和知识生产角色与责任的体现。

社会是一个系统，其中的各部分相互影响。社会工作的专业功能在于帮助个人、群体和社区解决因一时或某种社会结构性障碍导致的社会功能失调，以及由此产生的困难和问题，通过专业方法进行公众教育，进而预防问题的发生，同时增强个人、群体和社区的抗逆力。从本质上说，社会工作是社会福利制度的操作化表达，社会福利制度的功能和作用通过社会工作的服务传递出去，以实现社会福利的制度目标。社会工作参与疫情防控工作，就是发挥社会工作作为社会福利制度传递系统的功能，对突发疫情中发生的公共危机和弱势群体的处境进行危机干预，发挥其社会稳定机制的作用。

谨以此文纪念那段不平凡的日子，为社会工作参与、完善疫情防控和突发公共卫生危机应急响应体系、提升危机防控和治理能力提供经验借鉴。

是为丛书序。

中国社会工作教育协会副会长兼秘书长

北京大学社会学系教授

马凤芝

2023年8月9日

前 言

2020年春，新冠疫情暴发。新冠病毒感染（COVID-19）是一种急性传染性疾病，其病原体是一种先前未在人类中发现的新型冠状病毒，全球科学家一时之间束手无策。疫情暴发之后，感染人数和死亡人数不断攀升，丧亲人群的哀伤辅导需求逐步浮现出来——他们的哀伤需要抚慰。

2020年2月中旬，中国社会工作教育协会副会长兼秘书长，北京大学马凤芝教授委托我策划“疫情救助中的哀伤辅导实务课程”，邀请海内外专家学者共同参与，课程内容包括但不限于为社会工作志愿者传授专业知识、分享实务经验。于是，“行走的社工”团队应召而动，组织实施哀伤辅导系列在线公益课程，两期共计20讲。该课程自2月17日首次上线，截至4月3日结束，采取间日预告、隔日直播，直播次日出文字稿、上挂课程视频的统一流程。据相关数据统计，该专业课程直播+录播回放截至2020年10月累计近8万人次。这个最初为回应“社工共振”线上抗疫社工团队的专业培训需求而策划的系列在线课程，不断拓展其培训人群，为疫情中丧亲家庭的哀伤辅导培训了一大批专业志愿者，取得了较大的影响和较好的社会效益。

哀伤辅导的专业出版物在国内，尤其在社会工作界尚为少见。为推进疫后丧亲家庭的救助工作，亦为了持续培养人才，中国社会工作教育协会决定将课程文字稿整理出版。此为其中一册《疫情下的创伤干预社会工作实务》。

特别感谢因仁心大爱来开展公益讲座的老师们！依据承担课程量及加入团队、授课时间先后顺序，在此列出各位前辈的名字。他们是：刘新宪（美国哀伤咨询系统注册哀伤咨询师）、程明明（上海大学社会学院）、卢建（新疆医科大学附属肿瘤医院宁养院）、孙瑛（上海交通大学医学院附属新华医院崇明分院宁养院）、张灵慧（复旦大学附属儿科医院）、苏细青（香港浸会大学社会工作系）、吕静淑（南通大学行政管理系）、钟佩怡（辅仁大学社会工作学系）、朱松林（上海市静安区心灵导航心理咨询服务中心）、赵然（中央财经大学社会与心理学院）。本册中编入了其中多位老师的讲稿。

感谢“行走的社工”团队“哀伤辅导”课程运行小组。我们共计 20 多人在整个课程期间，保持每日不断线的工作，保障了课程有序、平稳、持续推进。课程小组的构成主体是我在华中科技大学社会学院所带的社会工作硕士研究生和本科生，并扩展纳入社会爱心人士与志愿者，以及其他院校的社会工作专业同学（详见后记）。

感谢中国社会工作教育协会的大力支持，感谢沈黎老师多方居间协调，感谢郁之虹、沈黎、程明明、樊欢欢等老师引介课程专家，同时感谢通过朋友圈自荐加入的老师们。本书是社工界集体行动的结果，是中国社工积极参与抗疫的成果！

感谢课程的各个支持单位，特别感谢华东理工大学出版社对本书出版的大力支持。

新冠病毒肆虐，如把 2020 年的春天冻在寒冬里一般，哀伤辅导的课程致力于陪伴丧亲家庭渡过哀伤，开始新生活。在因新冠疫情而隔离的时日里，我们或因哀伤而结陪伴之缘，彼此重新得以走近，给予伤痛者以力量，亦促进关怀者的成长。

任敏

2022 年 6 月

目 录

第一讲　疫情暴发后延长哀伤障碍的识别和预防

刘新宪①

第一节　哀伤的基本概念

我们先介绍一些关于哀伤的基本概念，包括丧亲、哀伤、哀悼、急性哀伤、创伤性哀伤、病理性哀伤、延长哀伤障碍、整合性哀伤、正常哀伤等。

（1）丧亲（bereavement）是指丧失所爱的人。

（2）哀伤（grief）是指丧亲者在丧失挚爱亲人后的反应和过程，它会从情感、认知、社交、生理健康等多方面表现出来。

（3）哀悼（mourning）是指丧亲者用不同的方式来缅怀和纪念逝者。

（4）急性哀伤（acute grief）通常指在丧亲事件初期，丧亲者会有强烈和痛苦的哀伤反应。

（5）创伤性哀伤（traumatic grief）通常发生在突然丧亲时，比如在战争、突发公共卫生事件（如新冠疫情）或意外事故中丧失亲人或子女、亲人自杀或被谋杀等。创伤性哀伤容易引发创伤后应激障碍（PTSD）和延长哀伤障碍共病。

（6）病理性哀伤（pathological grief）是指处于急性哀伤中的丧亲者长期得不到缓解，并出现生理、生活、社交、工作等能力受损的现象。

（7）延长哀伤障碍（prolonged grief disorder），是指丧亲者在丧失亲人 6 个月后，依然有严重的急性哀伤症状：生者对逝者的思念不

---

①　美亚哀伤咨询中心主任，美国哀伤咨询师（GC－C）。

断萦绕心头；至少有一个强烈的痛苦情绪反应，如悲伤、内疚、愤怒、否认、责备、麻木、难以接受逝者的死亡事实、感到失去了自己生命中的一个部分；难以体会到积极情绪，情感消极，并严重影响生活、学习、工作和社交功能。这是世界卫生组织在 2018 年正式通过的《国际疾病分类第十一次修订本（ICD－11）》（*International Classification of Disease 11th Revision*，ICD－11）中所提出的概念，此前其被称为病理性哀伤（pathological grief）。

（8）整合性哀伤（integrated grief）是指丧亲者经过哀伤过程，把哀伤整合到自己的生活中，能够接受现实，安置好逝者在自己心中的位置，并建立起新的生命意义。这是一种健康的、对人们没有伤害的哀伤。

（9）正常哀伤（normal grief）是指丧亲者从急性哀伤过渡到整合性哀伤的一个过程。

社会工作者和心理健康工作者需要帮助丧亲者从急性哀伤的剧痛中通过逐步的适应过程，进入整合性哀伤期。适应的过程包括接受丧失的现实，与逝者建立健康的持续性联结关系，重建新的生命意义，让哀伤与当下和今后的生活"和平共处"，能够活出新的生命意义。哀伤疗愈并不是希望丧亲者"走出哀伤""忘却哀伤"，因为很多哀伤不能走出也无法忘却，但却可以整合进我们今后的生活。

第二节　哀伤研究回顾与启示

我们可以通过对哀伤理论及其研究历史的了解得到很多启示，由此可以对如何做好哀伤干预有更好的认识，以避免走上心理健康工作者在哀伤研究和干预中曾经走过的弯路。哀伤研究及其干预的历史可以分为四个时期。下文将对每个时期特别有影响力的代表人物及其思想进行简单介绍。

一、1917年至20世纪60年代末

西格蒙德·弗洛伊德（Sigmund Freud）在1917年发表了《哀伤与抑郁》一文，提出哀伤和抑郁症是不同的，哀伤是失去亲人的一种正常反应，通常会自然痊愈。他提出了哀伤工作理论，认为丧亲者必须完成的最后一项工作，就是和逝者在精神上和情感上“切割”开。只要把它们切割开，丧亲者“就能够重新变得自由和不受约束”，就可以开始新的生活。这个有极大误导性的切割理论影响了哀伤研究与干预很多年。

埃里希·林德曼（Erich Lindemann）在1944年完成了对发生于1942年波士顿“椰树林酒吧”火灾的跟踪调查。那次火灾烧死了492人，他对110名丧亲家属进行了跟踪研究，得出了和弗洛伊德关于自然痊愈理论不同的结果。他认为：① 急性哀伤可能导致病理性的哀伤，病理性哀伤虽然跟抑郁症不一样，但它可能引发抑郁症和自杀；② 通过专业的干预，急性哀伤可以转变为正常哀伤；③ 他赞同弗洛伊德的切割理论。

约翰·鲍尔比（John Bowlby）于1958—1980年发表了三部重要著作，心理学界称之为“鲍尔比三部曲”。他的研究重点关注人为什么会哀伤，以及不同人的哀伤反应为何不同。他将婴儿和母亲的依恋关系作为研究的切入点，经过研究，他提出以下主要观点：① 婴儿和母亲的依恋关系是建立在安全感的需要上的，这是一种生存本能的需要，所以婴儿和母亲会有一种天然的依恋关系；② 婴儿和母亲分开后，会产生焦虑；③ 婴儿和母亲永久分离后，会产生哀伤；④ 依恋对象死亡的哀伤是双向性的，婴儿和母亲都会哀伤；⑤ 他反对把对逝者的依恋情感看作病理性哀伤的指标，但赞同弗洛伊德的切割理论。鲍尔比的依恋理论，以及其对依恋关系与哀伤的研究成果及贡献

是杰出的。他后来被评为 20 世纪 100 位最著名的心理学家之一。

二、20 世纪 60 年代末至 20 世纪 80 年代末

伊丽莎白·库伯勒·罗斯（Elisabeth Kübler Ross）在 1969 年提出了癌症病人从发现患病到临终期间的心理变化五阶段论。罗斯及其学生曾经在癌症中心对 100 多位癌症患者做质性访谈，提出癌症患者在患病后通常会经历以下五个阶段的心理变化：

第一阶段，拒绝：拒绝承认得病了。

第二阶段，愤怒："为什么老天爷对我如此不公平？"

第三阶段，讨价还价："老天爷啊，我做点好事，你能不能让我免除病灾。"

第四阶段，抑郁：痛苦不绝。

第五阶段，接受："我就认了吧。"

1969 年，罗斯出版了《论死亡和濒临死亡》（*On Death and Dying*）一书。这本书原来是讨论与濒死和临终相关的问题的，但人们把这套本用于晚期癌症患者的模型全部照搬到对哀伤过程的理解上，并形成了哀伤五阶段论。罗斯曾名噪一时，她的文献在谷歌的学术网站上被引用了 11 000 次以上，1999 年《时代杂志》将其评为 100 位最伟大的思想家之一，她还被追认入选美国的女性名人堂。

后来，哀伤五阶段论的热潮慢慢退下。大量实证研究显示，该理论存在以下一些偏误：① 多数丧亲者的哀伤并没有表现出五个阶段性特征；② 它过于简单化和线性化，哀伤的过程极为复杂，反反复复，并不是一个线性化的过程，并不如同一辆车过了一站就会进入下一站，最后到达终点的第五阶段；③ 它混淆了情感和认知反应，遗漏了很多其他重要的哀伤反应症状；④ 哀伤的最主要特征是苦苦思

念，而不是五阶段论所说的“拒绝”或“愤怒”等，这个结论也反映在世界卫生组织于2018年正式通过的《国际疾病分类第十一次修订本（ICD-11）》和美国精神医学学会于2013年出版的《精神疾病诊断与统计手册-第五版》（*Diagnostic and Statistical Manual of Mental Disorders-Fifth Edition*，DSM-Ⅴ）中，哀伤五阶段论忽略了这些哀伤反应症状，其具有极大的局限性和误导性；⑤ 它忽略了社会/文化因素；⑥ 它没有考虑二次伤害的次级刺激因素；⑦ 它忽略了多年来有实证基础的新的哀伤理论及干预的成果。

在哀伤五阶段论风行前，鲍尔比和帕克斯（Parks）提出过四阶段论，后来还有不同学者提出过六阶段论、七阶段论和八阶段论。21世纪初，很多学者包括当代一批为哀伤研究与干预做出巨大贡献的著名学者，比如斯乔毕（Stroebe）、普瑞哥森（Prigerson）、内米耶尔（Niemeyer）等，分别在大量实证研究的基础上对“阶段论”的缺陷和问题做了详细的分析。斯乔毕等在2017年发表的论文中明确指出，把五阶段论用于哀伤临床治疗是有害的。在过去的十多年中，几乎所有哀伤“阶段论”的文章都已从美国政府、高校及严谨的学术网站上被删除。但是在我国，这个被国外哀伤学界使用了几十年后被否定和放弃的“阶段论”还时常被认为是一种有效的哀伤理论和干预方法，并依然被传播。

菲利斯·西尔弗曼（Phyllis Silverman）在1968年的一项研究中帮助失去配偶的妻子组成“同质互助”小组，研究显示这个办法对哀伤疗愈效果显著。她在1969年提出了丧亲者“同质互助”有助于哀伤疗愈的观点，这个方法后来得到广泛应用。应用该方法影响特别大的是美国的民间非营利组织“善爱之友”（The Compassionate Friends），它有8 000多名志愿者，每年向100多万失去子女的父母提供心理关怀，并取得了很好的效果。在过去几十年里，丧亲者“同质互助”的理论和方法一直是美国哀伤咨询师标准教材中非常重要的内容。

威廉·沃登（William Worden）在 1982 年出版了世界上第一本有关哀伤咨询与治疗的书——《哀伤咨询与哀伤治疗》，提出了丧亲者哀伤疗愈的四任务论：

① 接受丧亲现实；

② 处理哀伤之痛；

③ 适应变化了的世界；

④ 切断与逝者的联结，建立新关系。

当时的沃登还是弗洛伊德切割理论的支持者，后来在《哀伤咨询与哀伤治疗》修订版中，他否定了切割理论，改而提出重新建立逝者在丧亲者心中位置的概念。

三、20 世纪 90 年代至 21 世纪初

霍莉·普瑞哥森（Holly Prigerson）于 1995 年提出复杂性哀伤（Complicated Grieve - CG）的定义并开发了复杂性哀伤量表（ICG）。这个量表有助于人们判断丧亲者的哀伤是正常的还是病理性的，如果是病理性的，就需要治疗。她明确应用质化和量化分析法，其研究具有科学性，这为后来哀伤研究和临床治疗的发展奠定了重要基础。

丹尼斯·克拉斯（Dennis Klass）等学者于 1996 年提出了“持续性联结”理论。该理论是哀伤研究史上的一次伟大革命，它从根本上挑战了弗洛伊德关于丧亲者需要和逝者“切割”联结关系的哀伤工作理论。持续性联结理论认为，丧亲者和逝者保持持续性联结是正常的，健康的联结方法有助于丧亲者重新安置逝者在其心中的位置，并适应逝者已逝的生活。沃登说过，他对哀伤疗愈四任务论的修改直接

得益于持续性联结理论。

罗伯特·内米耶尔（Robert Neimeyer）于 1998 年以“建构主义”为基础提出了意义重建理论。该理论认为，人的生命意义与生活经历有关。人对生命意义的理解来自人生经历，而人生经历是由很多“宏观故事”和“微观故事”组成的。丧失亲人的巨大打击容易使人在过去的经历和丧亲后的生活之间形成一个“断层”。内米耶尔通过大量临床研究发现，丧亲者如果无法从丧亲事件的经历中梳理出其意义，并把这段经历与整体生活经历合理地联结起来，就很容易罹患延长哀伤障碍。意义重建理论体系的治疗方法注重对丧亲事件的“理解建构”（sense making）、“寻找益处”（benefit finding）、“身份认知”（identity）。丧亲者需要对丧亲经历加以适当梳理，从中看到积极的意义，并重新定位自己的身份。在方法上，该体系十分注重叙事治疗（Narrative Therapy），并融合了当代哀伤干预的其他有效理论和方法。

王保罗（Paul Wong）于 1998 年提出了“意义中心咨询”（Center Meaning Conseling）的理论和方法，该理论基于维克多·埃米尔·弗兰克尔（Viktor Emil Frankl）的“意义治疗”。弗兰克尔认为，人活着总会去追寻生命的意义，即使在最艰难且无法改变的环境中，人还拥有选择用什么态度去面对苦难的自由。哀伤学界一般并不认为“意义疗法”是一种哀伤疗愈体系，而认为它为哀伤疗愈提供了一种哲学性的提示。王保罗开发的意义疗法（Meaning Therapy，MT）以存在积极心理学（Existential Positive Psychology，EPP）为理论基础，以构建个体生命意义为目的，实现了生活正负两极性的动态统一，从而解决了个体的心理困扰，是一种使个体获得心理治愈及成长的整合性心理咨询与治疗方法（Wong，2010）。存在积极心理学是存在主义心理学（Existential Psychology，EP）和积极心理学（Positive Psychology，

PP）理论观点的整合。在过去20多年的哀伤研究中，威廉·布赖特巴特（William Breitbart）等把弗兰克尔的理论扩展应用到“意义中心心理治疗”（Meaning Centered Psychotherapy，MCP）中。它注重启发晚期癌症患者对生命意义源的寻找，以此建立对生命意义的新的认知，从而减轻临终前的心理痛苦。十几年来，“意义中心心理治疗”延伸到了对子女死于癌症的父母的哀伤干预中，并出现了一个新的理论分支——“意义中心哀伤治疗”（Meaning Centered Grief Therapy）。

斯乔毕和亨克·肖特（Henk Schut）于1999年提出了“双程论”模型（Due Process Model - DPM）。该模型包括以下三个关键元素：① 丧亲者对丧失导向因素的应对；② 丧亲者对恢复导向因素的应对；③ 丧亲者在这两种导向间的“振荡”。丧失导向与丧亲事件本身直接相关，它密切围绕着逝者和丧失事件本身的压力和问题，故被称为丧失导向。丧失导向在日常生活中包括如何处理与丧失有关的事情和问题。恢复导向在日常生活中包括如何处理与当下和日后生活有关的压力和问题。“振荡”是指丧亲者在丧失导向和恢复导向两者间往返交替的“摆动”。比如丧亲者会从丧失导向中的“遭受灾难的为什么是我?”摆动到恢复导向中的“我以后该怎么生活?”，丧亲者在这两种导向间“振荡”，并相应地采用适当的方式应对不同的压力，以有助于自己缓解哀伤，降低出现延长哀伤障碍的风险。如果丧亲者长久地陷于某一种导向中，或不能处理好两种导向中的某个或若干个压力因素，就有可能引发延长哀伤障碍。

四、21世纪初至今

认知行为疗法（CBT）很早就被用于哀伤干预。进入21世纪，认知行为疗法得以广泛应用。在丧失亲人的重大打击下，丧亲者可能会出现一些不客观、不准确的认知，并在错误认知的影响下出现不健康的情绪和行为。后者往往又会反过来影响认知。在一系列不客观、不准确的认知、情绪和行为的交互影响下，丧亲者很容易深陷在丧失的痛苦中而无法自拔。CBT 就是要通过认知行为的调整来帮助丧亲者建立合理可行的认知，以应对丧亲的痛苦。

玛格丽特·希尔（Margaret Shear）于 2005 年领导哥伦比亚大学团队开发了“复杂哀伤治疗”程序。其具体过程如下：

① 了解来访者，用 ICD－11 诊断。

② 普及哀伤知识。

③ 倾听有什么适应障碍（信念、情绪、行为问题）。

④ 解决情绪问题，包括接受丧失、联结回忆、思考未来、与哀伤共存、加入社会、建立与亲友及逝者的健康关系、死亡事件叙述（哀伤检测日记是关键工具，要找出丧亲者什么时候最痛苦，什么时候最放松）。死亡事件叙述，主要是叙述丧亲故事、反思故事、“走出”（而不是忘记）故事，以及做公益之事、接受现实，从不能承受想到死亡事件到能够承受想到死亡事件。2015 年，希尔团队提供的统计数据显示，该方法对延长哀伤障碍患者的治愈率高达 71%，有关研究和实践成果已编写成《复杂性哀伤治疗手册》。该方法目前比较适用于一对一的哀伤治疗，虽然也有学者尝试用该方法进行团体治疗，但时至今日，已发表的相关文献依然屈指可数。

⑤ 思考未来：引导自主感（自我认可）、胜任感（干得了）和归属感（我对别人是重要的），逐步建立起可行的新目标。

美国精神医学学会（American Psychiatric Association，APA）于 2013 年发布了《精神疾病诊断与统计手册-第五版》（DSM－Ⅴ）。其虽然没有把延长哀伤障碍作为一个独立的疾病分类，但把延长哀伤障碍从抑郁症中分离出来，并在附录里做了详尽解释。2018 年 6 月，世界卫生组织在《国际疾病分类第十一次修订本（ICD－11）》中明确把病理性哀伤命名为“延长哀伤障碍”。在 2021 年的修订版 DSM－V－TR 中，延长哀伤障碍被正式列为独立的精神障碍。延长哀伤障碍在 21 世纪被独立列为精神障碍是 100 多年来关于哀伤研究与干预的标志性发展成果。

第三节　延长哀伤障碍及其风险因素

一、延长哀伤障碍的定义

根据《国际疾病分类第十一次修订本（ICD－11）》，延长哀伤障碍的定义可以简述如下：

① 丧失所爱的人后，对逝者的强烈思念或对逝者的密切关注。

② 伴随强烈的情感上的痛苦。例如，悲伤、内疚、愤怒、否认、责备、难以接受所爱的人的死亡，感到失去了自己生命中的一部分，无法体验积极的情绪，情感麻木，难以参与社交或其他活动。

③ 丧亲后，哀伤反应持续了至少 6 个月，并且行为明显有悖于当地文化背景下的社会预期、文化或宗教规范。否则即使哀伤反应持续了较长时间（在正常的哀伤期内），也应被视为正常的丧亲反应，不需要给予专门诊断。

④ 以上症状严重影响了个体的家庭、社会、教育、职业或其他重要功能。

二、延长哀伤障碍的风险因素

延长哀伤障碍的风险因素有两类，包括外在风险因素和内在风险因素。

（一）外在风险因素

（1）丧亲者与逝者的关系。通常情况下，彼此依恋越强，出现延长哀伤障碍的可能性越高。失去子女的父母尤其是失独父母，失去父母的儿童或青少年罹患延长哀伤障碍的概率要显著高于其他丧亲群体。

（2）配偶关系。原来婚姻基础不好，或丧亲后互相指责，比如孩子去世后父母闹离婚，会加重对他们自身的伤害。

（3）死亡原因。逝者死于突发或创伤事件，如感染新冠病毒的死亡事件就极具创伤性，这对丧亲者的打击更大，他们在经历巨大创伤痛苦的同时又面临着感染新冠病毒的恐惧，因此他们属于高风险人群。

（4）连续性创伤事件。新冠疫情中的丧亲者往往会经历连续性创伤事件。由于不能出门、不能去殡仪馆、不能跟已故亲友告别等，一系列坏消息不断传来，连续性创伤事件不断冲击着丧亲者，这也会导致罹患延长哀伤障碍的风险增加。

（5）社会支持系统。丧亲之后的丧亲者特别需要陪伴，但在疫情防控期间，人们需要居家隔离而无法出门，所以很多丧亲者缺乏陪伴和支持。这种情况若不能得到及时处理，就会导致丧亲者一直深陷在丧失导向中，他们会频繁地想着丧亲事件而陷入痛苦无法自拔。如果一直沉溺在丧失导向中，丧亲者罹患延长哀伤障碍的风险就会增加。

（6）缺乏基本的有关哀伤疗愈的心理自救的科普信息来源，以及其他信息透明度不高，也会导致丧亲者罹患延长哀伤障碍的风险增加。

（二）内在风险因素

（1）基因。抗压能力可通过基因遗传，它直接影响大脑的组织结构、运作机制以及对压力的承受能力。

(2) 生活经历。个体生活经历也是延长哀伤障碍的风险因素。比如个体在儿童时期受过伤害，或者有抑郁症病史等情况，都会加剧这一风险。

(3) 受教育程度。文化水平偏低的人群更容易罹患延长哀伤障碍。

(4) 性别。女性相对于男性更易罹患延长哀伤障碍。

(5) 个性、心理承受能力及思维方式。如个体性格多愁善感、内向、敏感等，更易罹患延长哀伤障碍。

(6) 信仰。对于一些人来说，信仰有时能帮助他们调整思维方式，使他们更容易适应丧失，减少或避免罹患延长哀伤障碍的风险。

(7) 健康状况与年龄。原来健康状况不好的人或老年人更易罹患延长哀伤障碍。

(8) 应对方式。应对方式不当也会增加罹患延长哀伤障碍的风险，如：有些丧亲者可能会回避现实；有些丧亲者会“钻牛角尖”，出现“哀伤沉思”，即沉溺在与丧亲事件有关的回忆或思考中；还有一些丧亲者无法理解丧亲事件，他们更易罹患延长哀伤障碍。

由对以上风险因素的分析可见，新冠疫情比以往我们经历过的任何一种自然灾害公共危机都要复杂，丧亲家庭将面临较高的罹患延长哀伤障碍的风险。社会工作者和心理健康工作者对此要有充分的思想准备。

第四节　延长哀伤障碍、抑郁症与创伤后应激障碍的区别

下面我们通过表格来呈现延长哀伤障碍与抑郁症及创伤后应激障

碍（Posttraumatic Stress Disorder，PTSD）[1] 之间的区别，具体见表 1－1 和表 1－2。

一、延长哀伤障碍与抑郁症的区别

表 1－1 延长哀伤障碍与抑郁症的区别

延长哀伤障碍	抑郁症
思念是最主要的特征	没有什么好思念的，一切都是没有意义的
哀伤的抑郁情绪是出于对逝者的思念或回忆	抑郁情绪无关某种特定想法
哀伤的痛苦上下起伏，且随着时间的流逝，哀伤剧痛的起伏会逐渐分散和减缓	痛苦情绪没有波澜地持续延伸，如同死水
丧亲者在哀伤中往往保留着自尊	感到失去了自尊和自我价值，出现自我厌恶情绪
能够与为他们提供安慰的家人及朋友保持日常和情感方面的联系	退出与他人的联系，且很难从安慰中得到帮助
丧亲者在哀伤中会沉浸在对逝者的回忆里，并有类似于愉悦的感觉	自我指责，思维是消极和绝望的
抗抑郁药对延长哀伤障碍无效	抗抑郁药对抑郁症治疗有效

① “创伤后应激障碍”为常见汉译法，在本书中，苏细清老师将其翻译为“创伤后压力综合征”。

二、延长哀伤障碍与 PTSD 的区别

表 1－2　延长哀伤障碍与 PTSD 的区别

延长哀伤障碍	创伤后应激障碍（PTSD）
最主要的特征是对逝者极度的思念	最明显的症状是恐惧和回避
对“闯入”脑海的与逝者有关的信息有时会有“温暖”的感觉	“闯入”脑海的有关创伤事件的信息一般是警告信号，是消极的，令患者感到焦虑和恐惧，感觉重新经历了一次不堪承受的创伤
往往不回避对逝者生前的记忆和图像的闯入性画面	用过度警惕的态度时刻回避创伤记忆及与之相关的信息，以避免重新经历一次创伤感受
未持续性地感受到创伤事件的威胁，也不受其影响	持续性地感受到创伤事件的威胁并受其影响
药物无助于改善	药物有助于改善

从表 1－1 与表 1－2 中我们可以看到，尽管延长哀伤障碍的哀伤症状与抑郁症和 PTSD 之间有很多相似之处，但它们之间也存在明显的差别。所以社会工作者和心理健康工作者要注意，避免把哀伤症状错误地视为抑郁症和 PTSD，从而采用错误的方法提供干预。同时，也要注意到，延长哀伤障碍往往与抑郁症和 PTSD 共病。如果出现共病，就要提供相应的干预或转介治疗。

第二讲　创伤后应激障碍的诊断、评估与干预

苏细清①

第一节　创伤事件和创伤后压力综合征

一、危机事件与创伤事件

（一）从危机事件到创伤事件

人们在一生中，难免会亲身经历或目睹或遇见无法应对的冲击、意外、恐惧以及一些无法应对的危机事件（crisis event），包括：（1）人类无法控制和避免的天灾，比如地震、海啸、飓风、火山爆发、火灾；（2）危及人类生命的瘟疫、疾病，比如19世纪的黑热病、疟疾、霍乱和2002年暴发的非典与近几年出现的新冠疫情等；（3）因社会问题或社会原因导致的危机事件，比如因精神疾病或感染新冠病毒后遇到的社会歧视、污名化和社会排斥，再如战争、社会暴动或政治打压，或因种族歧视而产生的恐怖事件；（4）日常生活中诸多威胁生命、令人难以承受的意外，如突发的交通事故、暴力犯罪、恐怖活动、绑架等，或家人突然病故；（5）各种人际关系中出现的令人恐惧的危机事件，如针对儿童青少年的拐卖、性侵犯、虐待，亲密关系中的家庭暴力、约会暴力、性侵犯或虐待，或同辈关系中的校园暴力等。

危机事件描述的是发生了令个体难以应对，并可能出现心理危机（如情绪健康问题和心理安全危机）的客观事件。若发展为创伤事件，则需要一定时间的累积，并呈现出一定的功能性损伤。创伤

① 香港浸会大学社会工作实践与精神健康研究中心副主任，社会工作系讲师，中国香港注册社工，中国注册心理督导师（D-21-110）。

事件（traumatic event）一定是危机事件，而危机事件未必会成为创伤事件，可以说，创伤事件是危机事件中比较极端的一类。

相较于天灾，因人或人际关系所致的创伤事件对人的影响更大；相较于成人，儿童遭遇创伤性事件所产生的心理创伤的影响和程度更深，通常带有难以调节的情绪和情感问题，如不可遏制的愤怒或沮丧，且带有更多心理和情绪情感的解离症状、躯体症状，如更多的自残、自伤或自杀行为（Bryant，2021）。

（二）创伤事件在DSM－Ⅴ中的定义

危机事件演变成创伤事件，往往具有无法预测的突发性，超乎个人应对能力，并会带来负面情绪淹没的不可承受性，导致个体在生理、心理和社会功能等多方面的损伤乃至毁灭性的损伤，以及容易泛化成类似情境中的创伤性记忆“闪回”（flashback）等特征（Monahon，1993）。DSM－Ⅴ对创伤事件的定义是，当事人直接经历或目睹涉及包括死亡、死亡威胁、严重伤害的威胁，或威胁身体完整性的事件。

（三）创伤事件的类型

实际上，很多诱因都可能诱发PTSD，包括：

（1）直接创伤。包括家暴、性侵犯、大灾难、丧亲等个体承受不了的某种创伤，比如四川大地震对亲历者的影响比较深远，直接反映出典型的PTSD症状（Cao et al.，2018；周宵等，2017）；性侵犯的受害者也经常出现典型的PTSD反应；美国“9·11”事件的幸存者亦表现出典型的PTSD症状，深受其痛苦的影响。

（2）现场目击导致的创伤。比如目睹家暴事件的孩子可能会受到创伤，却常常被忽视或被遗忘（Holden，2003；Lehmann and Rabenstein，2002；沈庆鸿，2001）；在职场中目睹被欺凌或经历被欺凌的人，罹患 PTSD 的概率明显提升（Niedhammer et al.，2006）。

（3）替代性创伤。比如大灾难时电视不断播放灾难性的画面，一些电视观众会有替代性的创伤反应；某些特定职业的从业者（如警察、医生）可能会出现 PTSD 问题，可能会有一些替代性创伤的 PTSD 反应（Chen et al.，2006；李序科，2008）；“9·11”事件后，现场救护、维持秩序、善后的工作人员有较高概率罹患替代性的创伤后压力综合征（PTSD）（Luft et al.，2012）。

（4）长期压力诱发的创伤。长期累积的压力会对大脑产生功能性损害，令个体产生创伤性的体验（Flügge et al.，2004；Rutter et al.，2006）。

（5）负面的生活事件也可能诱发创伤（Foley et al.，2004）。这对一些幼小的儿童尤其如此，因为幼儿的大脑可塑性特别强，如果幼儿发展所需的微观环境糟糕，比如家庭长期贫穷，父母长期对孩子实施语言暴力或体罚，就有可能诱发 PTSD，从而改变其脑回路，甚至改变孩子的脑组织（Carrion et al.，2007）。

（四）导致 PTSD 的创伤事件类别

学者们发现，多种不同的创伤均可导致 PTSD。这些创伤类型分别导致 PTSD 的病例在所有 PTSD 病例中的占比如下（Lezanne and Kafaar，2017）：

① 性关系暴力造成的 PTSD 病例占比为 33%，如强奸、儿童期性虐待、亲密伴侣暴力；

② 人际网络创伤经历的占比为 30%，如所爱的人意外死亡、家中孩子患有危及生命的疾病或所爱的人发生其他创伤事件；

③ 人际暴力的占比为 12%，如儿童遭受身体虐待或目睹人际暴力、遭受躯体攻击或遭受暴力威胁；

④ 遭受有组织的暴力的占比为3%，如沦为难民、遭遇绑架或沦为战区平民；

⑤ 参与有组织的暴力的占比为11%，如参加战争、目睹死亡/严重伤害或发现尸体、意外或故意造成的死亡或严重伤害；

⑥ 其他危及生命的创伤事件占比为11%，如危及生命的机动车辆碰撞、自然灾害或接触有毒化学物质（Kessler et al.，2014）。

二、什么是创伤后压力综合征（PTSD）

（一）PTSD在精神病学中的发展历程

创伤后压力综合征（PTSD）也称“创伤后应激障碍”或“创伤后压力症候群”，最早在美国精神医学学会出版的《精神疾病诊断与统计手册-第三版》（DSM-Ⅲ）中被正式提出并定义，以描述经历严重威胁生命的战争创伤后，部分越战退伍军人出现的僵直、麻木、情绪不稳、持续梦魇以及恐惧逃避等“弹震症”或“战斗疲乏症”症状。

之后，PTSD在《精神疾病诊断与统计手册-第四版》（DSM-Ⅳ）中被归类为焦虑症的一种，重在描述患者受创伤记忆影响而诱发出强烈的情绪情感反应，如过度警觉（hypervigilance）、极度焦虑不安、易受惊吓、紧张、暴躁易怒、情感解离、麻木感（情感上的禁欲或疏离感），以及遇到创伤情境的“闪回”时会出现“身处真实情境”中的反应，伴有呼吸困难、恐惧、害怕、发抖等症状。DSM-Ⅳ-TR中只定义了PTSD的三种核心症状群，包括回避和麻木、再体验与过度觉醒（APA，2000）。

随着对PTSD的研究和治疗实践探索的深入，脑科学研究领域的证据表明，当个体出现的PTSD往往并非单一的情绪健康问题时，将其简单归类为焦虑症并不能反映出PTSD问题的复杂性和身、心、灵受损的综合性，也无法解释在创伤事件出现后为何PTSD病症会延迟发作，而且强烈的躯体、情绪反应往往伴随多种心理、社会功能损伤及大脑结构负面逆转的综合性和复杂性而生（Bryant，2021）。

（二）DSM-Ⅴ中的PTSD定义

在DSM-Ⅴ一书中，PTSD被定义为与压力或创伤相关的问题，而非焦虑症一类。PTSD是一种综合性的创伤后应激症候群，也是一种能令人逐渐衰弱的严重的精神（心理）疾病（APA，2013），是因受到超常的威胁性、灾难性的创伤事件而导致延迟出现和长期持续的心身障碍（APA，2013；邓明昱，2015）。相较于DSM-Ⅳ中对PTSD核心三症状的描述，DSM-Ⅴ将PTSD的核心症状拓展为四组，将之前的“持续的回避”分为两种，即持续回避与创伤事件相关的刺激、与创伤事件有关的认知和心境方面的消极改变，具体包括：①存在一种或多种侵入性和复发性的创伤记忆；②有意识地、持续地回避与创伤事件有关的刺激（包括相关的人、事、情境等）；③出现与创伤有关的情绪或认知的麻木和/或负面变化，且在创伤事件发生后开始出现或加重；④出现与创伤事件有关的过度警觉或反应，且在创伤事件发生后开始或加重（APA，2013；邓明昱，2015）。但是，DSM-Ⅳ和DSM-Ⅳ-TR中所列的PTSD诊断的必要条件——要求个体对创伤事件的反应中存在强烈的恐惧、无助——在DSM-Ⅴ中被删除，因为强烈的情绪反应会因为性别角色期待而被压制住，罹患PTSD的人容易被漏诊，特别是男性，比如罹患PTSD的男性军人或消防员并没有太多情绪强烈的报告（Watkins et al.，2018）。

值得注意的是，PTSD的显著特征是个体必须曾经暴露于创伤事件并在之后出现痛苦的心理症状（APA，2013）。在DSM-Ⅳ之前，人们强调符合条件的创伤必须“具有异常的威胁性或灾难性，可能会对几乎所有人造成普遍或一致的痛苦”，由于诊断标准中症状的主观性，临床医生一直高度依赖患者报告。DSM－Ⅳ对创伤事件的定义从注重客观标准（任何人都会感到痛苦的事件）发展为注重主观标准（个人感到痛苦的事件），但由于主观感受太过宽泛，容易导致过度诊断 PTSD。DSM－Ⅴ将客观事实和主观感受整合为一体，强调诊断病理性 PTSD 的前提条件是作为客观事实的创伤事件（创伤应激源）确实发生了，且令当事人倍感痛苦，对其工作能力、社交能力或其他重要领域的功能造成临床显著困扰和损害（APA，2013），如此才可以判断其症状可能是 PTSD。反之，一般的压力性事件或日常生活事件（如离婚或失业）诱发的心理或情绪健康问题，或个体因个别的认知偏差而感觉被人伤害了（比如自己觉得被原生家庭伤害的感觉），尽管个体很痛苦，但因为没有发生创伤性事件，故而不能以 PTSD 进行诊断。因此，DSM－Ⅴ中特别增加了对创伤性事件的规范，并强调了创伤性事件的必要性，以减少过度诊断。如因认知偏差而引起的主观感受或想象出的“心理痛苦”，虽具备不断闪回或过度警觉等特征，也不能被诊断为 PTSD。

因此，能否被诊断为 PTSD，必要的条件包括：第一，发生过个体自身经历、目睹或被迫面对一件或多件、直接或间接威胁自己或他人生命或安全的创伤性事件；第二，可能出现严重的、持续的、有时会延迟发生的、令人难以承受的心理创伤，并在生理、心理、社会甚至大脑结构等方面逐渐衰弱，或者出现严重的功能性紊乱或损失（O'Doherty et al.，2017）。

在诊断和评估心理健康疾病方面，与 DSM－Ⅴ齐名的另外一本重要的评估诊断参考书是世界卫生组织编著的《国际疾病分类第十一次修订本（ICD－11）》，其试图为 PTSD 提供一种比 DSM－Ⅴ更简单的诊断方法。它更侧重于个体在经历或接触创伤事件后是否存在重复性和侵入性的恐惧及焦虑的闪回，只要个体有任何再次体验的症状（如侵入性记忆、噩梦或闪回），或避免想起创伤事件的想法或情境，以及不断增强的威胁感或过度警觉，就会被界定为 PTSD。ICD-11 对 PTSD 定义的简化是为了避开 PTSD 共病性（comorbidity）的复杂性，以降低因使用 DSM-V 中对 PTSD 的定义而出现的抑郁症共病的高发病率（Breslau et al.，1997；Caramanica et al.，2014）。

ICD-11 中对 PTSD 的定义更多地被临床医生所采用，而在非临床服务领域，人们则广泛应用 DSM-V 对 PTSD 的定义和诊断标准。为凸显 PTSD 是一种综合性的精神疾病特性，也为了避免病态化标签此类精神（心理）疾病，笔者强烈建议以“创伤后压力综合征”作为 PTSD 的中文译名。

第二节 PTSD 的流行、易感人群、分类及影响因素

一、PTSD 的流行率和治愈率

（一）PTSD 的流行率

PTSD 是一种严重的精神（心理）疾病，只要治疗得当，是可以被治愈的。不一样的创伤事件导致的 PTSD 的流行率也不一样。在普通人群中，PTSD 相关症状的患病率约为 12%（Salehi et al.，2021），但若加入有特殊创伤事件的群体研究时，其终身患病率与现在流行率就会有 1.5%~74%不等的差异（周煌智等，2007）。PTSD 的终身患病率约为 6.4%，女性要高于男性（8.6%：4.1%），是男性的两倍多（Pietrzak et al.，2011）。

墨西哥地震后，有30%的幸存者出现了PTSD症状（De La Fuente，1990），高达74%的幸存者在地震发生后的3～6个月内罹患了PTSD。克拉普拉克等（Klipatric et al.，1987）指出，约有17%的性侵受害者在事发17年后符合PTSD诊断。中国的研究也发现，遇到大的自然灾害时，很多人会出现PTSD症状，比如关于四川省绵竹市的一项调查显示，汶川地震后1～2个月，当地人PTSD的患病率高达86.2%（Zhang and Hou，2011）；江苏省盐城龙卷风灾害发生后6个月，当地青少年的PTSD患病率为55.84%（An et al.，2019）。2020年新冠疫情肆虐，中国、意大利等八个国家的人民在疫情暴发初期出现PTSD症状的约占7%～54%（Xiong et al.，2020），每10名新冠病毒感染幸存者中有3人被诊断患有PTSD，每10名未感染新冠病毒者中有1人被诊断患有PTSD（Salehi et al.，2021）。最近的一份跨国研究估计，全球因新冠疫情而罹患PTSD的约占17.52%，而65岁以上老人的情况更糟（Yunitri et al.，2022）。

此外，PTSD与其他精神疾病（障碍）之间存在大量共病。美国的一项大规模调查显示，在PTSD患者中，至少存在一种其他类型的疾病或障碍的男性占比为88.3%，女性占比为79%（Kessler，1995）。患有PTSD的人存在至少一种其他共病情绪，其有焦虑情绪或物质使用障碍的可能性是非PTSD患者的两倍多。

（二）PTSD的治愈率

研究显示，大多数PTSD患者在遭遇创伤事件1个月后至半年内发病，可在1年左右治愈，少数的会持续多年不愈，或转变为持久的人格改变（邓明昱，2015）。但是，世界卫生组织在2016年的一份调查显示，罹患PTSD的人数在逐年增加，其康复的难度也在增加，会在2年内恢复的PTSD患者占50%，在10年内都无法恢复的患者占

25%。因此，PTSD 被认为是当今社会的一个主要的公共心理健康问题，是需要政府投入资源并系统应对的公共问题。

二、PTSD的易感人群

（一）容易引发心理创伤的弱势群体

除了亲历或目睹创伤事件的群体外，与其他精神健康疾病类似，人口学变量上存在着弱势群体，他们容易成为PTSD的易感人群，包括青少年、儿童、女性、性少数群体（Sexual Minorities - LGBTQ+）、贫穷者、老人、鳏寡孤独者、在战区服役的军人、有情绪疾病（如抑郁或焦虑症）的群体、严重精神（心理）疾病（如精神分裂症或双相障碍）者、有自杀意念的人、药物依赖者、患重大疾病（如癌症）或慢性病者等（Salehi et al.，2021）。

（二）替代性创伤的易感人群

参与救助的一线人员（如急诊科医护人员、护理人员以及警察和消防员），以及为有重大心理创伤者提供专业服务的助人者（如一线社工、心理咨询师），可能因目睹事件造成的惨状，或因共情而卷入受害者的创伤事件中，产生代入性的情感联结，在救助后罹患 PTSD 的概率和风险明显增加（Pietrzak et al.，2014；Salehi et al.，2021），容易出现替代性创伤（vicarious traumatization）或次级创伤（secondary traumatic stress）。

（三）易患“加害者创伤压力综合征”的特别群体

值得注意的是，最容易被忽略的一个特殊群体是从事杀生职业的人，如在战场上杀敌的士兵、执行死刑的法警及以屠宰动物为业的屠宰场员工，这种因伤害他人或动物的经验所导致的心理创伤，又称“加害者创伤压力”（Perpetration-Induced Traumatic Stress，PITS）。

相对而言，PITS 比 PTSD 对个体的影响更深，一般因个案比较少而容易被忽视。

三、PTSD 的分类

划分 PTSD 的标准有很多，按发作的时间，其可分为急性、慢性和延迟发作型 PTSD；以对危机事件反应程度从正常到异常的连续性来分，可分为正常的压力反应（Normal Stress Response，NSR）、急性压力反应（Acute Stress Disorder，ASD）和 PTSD；以 PTSD 病症的影响程度及共病性的复杂程度来划分，可分为单纯型 PTSD 、合并症型 PTSD 和复杂型 PTSD ；以主体的年龄特征来分，可分为成人 PTSD 和儿童青少年 PTSD。

（一）急性、慢性和延迟发作型 PTSD

与 PTSD 不同的是，急性压力反应（ASD）指的是个体遭遇创伤事件后 1 个月内，出现入侵性的、回避的、认知的、心境的、负面情绪以及警觉性增高的改变，出现其中一种或多种状况，且没有明显的精神疾病症状，可在创伤后 2 天到 1 个月内被诊断出来。此外，在诊断标准上，相较于 PTSD，ASD 诊断在负面情绪反应上仅停留在描述自己“持续无法体验到正面的或积极的情绪”（Bryant，2021），但没有明显的精神疾病症状。但是，如果患者出现重新体验、回避、认知和心境消极负面且警觉性增高等四大核心症状超过 3 个月，则称为慢性 PTSD；若 PTSD 症状在创伤事件发生 6 个月之后才出现，则称为延迟发作型 PTSD。有研究者认为，ASD 的一些临床症状与 PTSD 极为相似，与 PTSD 的主要区别在于起病时间和病程。ASD 起病在创伤事件发生的 3 天后至 4 周内，病程短于 4 周。当症状持续超过 4 周时，应将诊断改为 PTSD（APA，2013）。

研究显示，个体如果是在各种人际关系中遭受创伤事件，那么罹患 ASD 的概率较高；在发展为慢性 PTSD 的患者中，约有一半在病程初期符合 ASD 的诊断（邓明昱，2015）。

（二）单纯型 PTSD、合并症型 PTSD 和复杂型 PTSD

（1）单纯型 PTSD

单纯型 PTSD（Uncomplicated PTSD）一般指个体遇到创伤事件后，创伤的事件及其感觉一直存在于个体的生活中，并重复出现；或个体经常重复创伤事件，明显排斥或回避创伤事件或与之相关的人、事，容易出现情绪麻木、注意力不集中和健忘等情况，但没有出现共病性，即没有其他的精神或心理疾病出现。

（2）合并症型 PTSD

合并症型 PTSD（Comorbid PTSD）患者会出现数种身心障碍病况，如忧郁症、焦虑失调、成瘾症、失眠症等。

（3）复杂型 PTSD

复杂型 PTSD，即复杂型创伤后压力综合征（Complex PTSD，C－PTSD），也称复杂型创伤综合征，是长期接触创伤事件的累积结果，被视为 PTSD 的极端且复杂的特例。其最先由美国精神病学家朱迪思·赫尔曼（Judith Herman）在 1992 年提出，被收录在她的《创伤与复原》（*Trauma and Recovery*）一书中。虽然 C－PTSD 未被 DSM－V 收录，但《国际疾病分类第十一次修订本（ICD－11）》中收录了该疾病，其也获得了美国精神医学学会、美国退伍军人事务部（United States Department of Veterans Affairs，VA）、澳大利亚卫生部（Health Direct Australia，HDA）和国家卫生局（National Health Service，NHS）的认可与批准（Cortman and Walden，2018）。C－PTSD 被认为因童年受到人际创伤且长期反复、无法纾解而形成，是儿童

PTSD在成人期的延续（Herman，1992）。C－PTSD与PTSD不同但相似，二者的主要差别是个体核心自我认同的扭曲和严重的情绪失调（emotional dysregulation），包括个体的自我认同和自我感受的变形，以及长期的恐惧感、无价值感及无助感（Cortman and Walden，2018；Herman，1992）。具体而言，要满足C－PTSD标准，必须满足PTSD的诊断标准，并显示出三个额外的特征：① 消极的自我概念，对自己有持续的负面信念，并出现自我认同障碍；② 情绪失调，情绪反应增强、暴力爆发、鲁莽或自我毁灭行为增加；③人际关系严重困难（Maercker et al.，2013）。

（三）替代性创伤

替代性创伤常指助人者救助受创伤者或与之一起工作后，因目睹或工作情感卷入其中，助人者由此产生类似创伤的影响，如出现同情疲劳、反移情、情感倦怠、绝望感、愤怒、恐惧、噩梦、担心个人的安全等，这是一种不可避免的职业风险（汪淑媛，2014）。每10名医护人员中就有2人在疫情期间和/或之后被诊断为PTSD或PTSD相关症状（Salehi et al.，2021）。一项对28项研究的荟萃分析（meta-analysis）表明，有近10%的急救人员的某些表现符合PTSD标准（Berger et al.，2012），11%的人确诊患有PTSD（Petrie et al.，2018）。但需要注意的是，这类参与创伤救助的一线人员或专业助人者，可能会有严重的PTSD症状，但更多的是不符合全部标准，通常是一种亚综合征的PTSD，约有7%～16%的人患有亚综合征的PTSD（Maia et al.，2007；Martin et al.，2009）。但确凿证据表明，亚综合征PTSD与完全PTSD一样，对个体的心理健康和社会功能都存在一定的损害（Stein et al.，1997）。

四、PTSD的病因与危险因素

（一）PTSD的病因

诱发PTSD的原因是复合的，包括生理因素、人格特征和社会环境。

（1）生物学因素。从神经生物学角度来说，PTSD主要是因为神经内分泌发生异常所致，比如人体中的下视丘-脑下垂体-肾上腺体（Hypothalamic Pituitary Adrenal-gland，HPA）轴主要是调节压力反应的激素系统，当个体面对急性、慢性压力源或创伤事件时，这一激素系统就会发生异常，产生大量的皮质类固醇，而皮质类固醇长期过度分泌会造成海马旁回等大脑结构损伤，特别是其会抑制HPA轴的反馈机制，导致内分泌异常。其中，皮质类固醇是PTSD的“媒介”（agents provocateurs）。也就是说，罹患PTSD的人可能因为严重的创伤导致某种生物基因缺陷，比如，HPA轴异常被认为与PTSD直接相关（Schumacher et al.，2019）。此外，斯坦等（Stein et al.，2002）对双胞胎进行研究后发现，有PTSD症状者可能有中等程度的遗传性。

（2）易感或易激惹的人格特质与精神疾病。雅克希奇等（Jakšić et al.，2012）发现，具有依赖型、妄想型及反社会人格特质的人较易罹患PTSD，特别是精神分裂症、妄想病症状与忧郁/焦虑症状，是个体发展出PTSD的危险因子。此外，容易恐慌或畏惧的个性特征也容易导致PTSD慢性化，而忧郁症、轻郁症、反社会人格、惧旷症[①]、畏惧症与恐慌症皆是PTSD的危险因子，或容易以共病的形式与PTSD共存。

（3）薄弱的家庭社会支持系统或环境。当家族有严重抑郁症病史或自杀史时，其家庭成员在遭遇创伤事件后，比较容易发展成PTSD

---

① 惧旷症（Agoraphobia），又称广场恐惧症。

(Flory and Yehuda，2015)。而家人突然遭遇事故或突发疾病死亡，也容易导致精神障碍个体诱发 PTSD 的危险因子。遭遇创伤事件后，家庭或社会支持系统是否足够，包括经济、情绪情感支持与家庭各种关系品质，以及家人是否对创伤影响有足够的了解等，都是 PTSD 是否出现的影响因素。

(二) PTSD 发病的危险因素

创伤事件之外，导致 PTSD 发病的危险因素还包括：

- 性别；
- 发生创伤时的年龄；
- 种族；
- 受教育程度较低；
- 社会经济地位较低；
- 分居、离异或丧偶；
- 创伤史；
- 一般儿童期逆境；
- 精神障碍个人史和家族史；
- 儿童期虐待；
- 社会支持不足；
- 对创伤事件的初始反应的严重程度。

第三节　PTSD 的核心症状、诊断标准及多重影响

一、成年人的 PTSD 典型症状

PTSD 是一种严重的综合性的精神（心理）疾病，其症状反应也

会综合反映在身体、心理（情绪、认知和行为）和社会功能等方面。

罹患PTSD的个体，在生理上，经常或容易表现为血压和心率升高、呼吸加快、肌肉紧张、恶心和腹泻等；有较严重的睡眠障碍，或经常做噩梦，或难以入睡，或容易惊醒、早醒且难以再入睡；在认知上，患者难以专心，无法停止思考或闪回到创伤事件中，不但反刍思考负面问题和影响，在脑海中反复真实重现创伤情境，而且极易做负面归因且无法走出负面思想的旋涡；在情绪感受上，患者容易恐慌、焦虑、情绪波动不安，容易烦躁或沮丧，或者经常情绪低落，甚至出现濒临死亡的感觉；在社会功能或行为上，会出现社会退缩、回避社交生活等行为，如刻意避开可能唤起自己创伤的人、事、时、地、物，对之前的活动失去兴趣和动力，不愿意接触他人，自我孤独和分离感越来越重，与人相处时存在严重的困难，警惕性很高，无法体验到与他人在一起的温暖和爱意，容易焦躁不安、紧张或被惊吓到（邓明昱，2015）。

PTSD共包含20个症状。这些症状被划分为再体验、回避、高唤起，以及认知和情绪的负性改变四个症状簇。这些症状簇既拥有不同的行为表型、发生机制，同时也在PTSD症状的发展和变化过程中发挥着不同的作用（Li et al.，2020）。在DSM－Ⅴ（APA，2013）中，PTSD典型的核心症状包括：① 再次体验到创伤事件的感觉；② 持续性地逃避创伤事件或相关人或事的刺激；③ 产生一些情绪或情感上的麻木感，没有太多反应，或者面无表情；④ 过度警觉，容易悲观，觉得与这个世界的链接是恐怖的，却摆脱不了；⑤ 持续的时间较长，至少1个月；⑥ 经历较长时间后，可能出现社会角色、社会功能的损伤。PTSD往往不是出现单一症状，而是常有共病性特征。比如，合并有情感和焦虑障碍的患者超过50%，合并有物质滥用障碍的患者接近50%（Pietrzak et al.，2011）。

二、DSM-Ⅴ对PTSD的诊断标准

DSM-Ⅴ对成人PTSD的诊断标准如下（六岁及以下儿童的情况在下一节具体讨论）：

（一）标准A——清晰地定义了哪些事件为创伤事件

标准A强调将创伤事件作为前提，暴露真正的或具有威胁性的死亡、重伤或性暴力，以下列一种（或多种）形式出现：

① 直接经历这一（些）创伤事件。

② 目击这一（些）事件发生在别人身上。

③ 知道这一（些）事件发生在一位亲戚或朋友身上；如果是真正的或具有威胁性的死亡，这一（些）事件必须是暴力的或意外的。

④ 一再经历或大量暴露在令人反感（aversive）的创伤事件细节中。比如救援人员在一线抢救受灾群众、收集身体残块，再如警察一再暴露于虐童细节下（此条不包括通过电子媒体、电视、电影或图片暴露，除非是与工作相关的暴露）。

（二）标准B——侵入性症状

出现与创伤事件有关的侵入性症状（始于创伤事件）后，显示出下列一项（或几项）特征：

① 不断发生、不由自主及侵入性地被创伤事件的痛苦回忆困扰着（在儿童身上，可能表现为在游戏中重复表达创伤主题）。

② 不断出现恼人的梦，梦的内容和/或情绪与创伤事件有关（在儿童身上，可能是无法辨识内容的噩梦）。

③ 出现解离反应（如回忆重现），感到或表现出好像创伤事件重演。这些反应可以不同程度出现，最极端的症状是完全失去对现

场周围环境的觉察（在儿童身上，特定创伤的反应可能会在游戏中一再出现）。

④ 当接触到内在或外在象征或与创伤事件相似的暗示时，会产生强烈或延长的心理苦恼。

⑤ 当接触到内在或外在象征或与创伤事件相似的暗示时，会产生明显的生理反应。

（三）标准 C——持续逃避与创伤事件有关的刺激

持续逃避与创伤事件有关的刺激（始于创伤事件）后，显示出下列一项（或几项）逃避行为：

① 避开或努力逃避与创伤事件有关的痛苦记忆、思绪或感觉。

② 避开或努力逃避与引发创伤事件有关的痛苦记忆、思绪或感觉的外在提醒物（包括人物、地方、对话、活动、对象、场合）。

（四）标准 D——认知和情绪上的负面改变

与创伤事件有关的认知和情绪上的负面改变，始于或恶化于创伤事件之后，显示出下列两项（及以上）特征：

① 不记得创伤事件的重要情节。典型原因是解离性失忆，而非因头部受伤、酒精或药物滥用等其他因素所致。

② 对自己、他人或世界存有持续且夸大的负面信念或期许，比如“我很坏”“没人可以相信”“我永远失去灵魂了”“我的整个神经系统都永久地毁坏了”“这个世界非常危险”。

③ 对创伤事件的起因和结果有持续扭曲的认知，导致责怪自己或他人。

④ 持续的负面情绪状态，如恐惧、惊恐、愤怒、罪恶感或羞愧。

⑤ 对重要活动的参与兴趣或参与度明显降低。

⑥ 感觉到与他人疏离（detachment）、疏远（estrangement）。

⑦ 持续地无法感受到正面情绪。比如无法感受到幸福、满足或钟爱的感觉。

(五) 标准 E——过度警觉

与创伤事件有关的警醒性（arousal）与反应性（reactivity）的显著改变始于或恶化于创伤事件后，显示出下列两项（及以上）特征。

在很少或没有诱发因素的情况下，出现：

① 易怒和无预兆发怒（angry outbursts）行为，典型者出现对人或物品的语言或肢体攻击性行为。

② 不顾后果（reckless）或自残行为。

③ 过度警觉（hypervigilance）。

④ 过度惊吓反应（exaggerated startle response）。

⑤ 专注力障碍。

⑥ 睡眠困扰。例如，入睡困难、难以维持睡眠或睡不安稳。

(六) 补充诊断标准

① 症状（标准 B、C、D 或 E）持续超过 1 个月；

② 此困扰引起临床上的显著苦恼，或社交、职业或其他重要领域的功能减损；

③ 此困扰无法归结于某物质（如药物或酒精）的生理效应或某项身体病况所致。

(七) PTSD 量表的评估方法

为协助经历创伤事件的人更快地了解自己是否罹患 PTSD，PTSD 研究者创制了一些可供自评自查的 PTSD 自评量表。值得注意的是，这些量表旨在协助个体简单地评估自己的创伤反应程度，并非临床评估工具，具体的评估需要由专业的精神科医生就病理性的 PTSD 进行确诊。

1. 美国国家创伤后压力综合征中心的自评量表（PTSD - Check List，PCL）

美国学者韦瑟斯等（Weathers et al.，2013）创制出了一个退伍军人使用的科学化的 20 题 PTSD 自评量表（PCL - 5，见表 2 - 1），并由博文等（Bovin et al.，2016）拓展应用到了不同群体。香港研究者冯等（Fung et al.，2019）也在华人群体中首次应用了这个量表，并取得了较好的信度（Cronbach's alpha＝0.951）。

自 评 量 表

【指导语】此问卷旨在评估你在经历危机事件时或经历后可能遇到的问题，它可能是直接发生在你身上的事情，也可能是你目睹的事情，或者你从亲密的家人或朋友身上看到的事情。这些事情有可能是一些严重的事故，如飓风、龙卷风或地震等灾害；也有可能是身体遭受的性攻击或虐待；还可能是遭遇的杀人或者自杀事件。

【指引】请就当前最困扰你的事件进行评估。创伤事件可以是单一事件（如车祸），也可以是多个类似事件（如战区内的多个压力事件或反复的性虐待）。

1. 简要写出你感觉最糟糕的创伤事件：____________________

2. 创伤事件发生的时间：____________

3. 是否涉及实际或威胁死亡、重伤或性暴力？——是/否

4. 你是怎么经历的？（　　）

A. 这件事直接发生在我身上

B. 我目睹了

C. 我知道这件事发生在一个亲密的家庭成员或朋友身上

D. 它是我工作的一部分，我反复接触到有关它的细节（例如

护理人员、警察、军人或其他急救人员）

E. 其他，请描述：________________

5. 如果事件涉及亲密的家庭成员或朋友的死亡，那么是由于某种事故或暴力，还是由于自然原因？（　　）

A. 事故或暴力

B. 自然原因

C. 以上均不适用（事件不涉及至亲挚友死亡）

【说明】以下是一些人经历很大的压力后偶尔出现的问题。请仔细阅读每个问题并选出一个数值，以反映你在过去 1 个月受此问题困扰的程度：

0 表示完全没有，1 表示少许，2 表示中等，3 表示相当困扰，4 表示极度困扰。

表 2-1　创伤后压力综合征量表-第 5 版（PCL-5）

问　　题	数　值				
1. 有关该压力事件的记忆，反复出现、令人不安和讨厌	0	1	2	3	4
2. 有关该压力事件的梦，反复出现和令人不安	0	1	2	3	4
3. 突然觉得或表现得好像该压力事件真的再次发生（好像你真的回到那里身临其境）	0	1	2	3	4
4. 当某些事情让你想起该压力事件时，你会感到非常沮丧	0	1	2	3	4
5. 当某些事情让你想起该压力事件时，你会有强烈的生理反应，如心跳加速、呼吸困难、流汗	0	1	2	3	4
6. 想回避与该压力事件有关的记忆、想法或感觉	0	1	2	3	4
7. 想回避那些令你联想起该压力事件的外在东西，如人、地点、对话、活动、物品或情况	0	1	2	3	4

（续表）

问　　题	数		值		
8. 难以记起该压力事件的重要细节	0	1	2	3	4
9. 对自己、他人或整个世界有强烈的负面信念，例如有以下一些想法：“我不好”“我有很严重的问题”“没有人是可信的”“这个世界完全是危险的”	0	1	2	3	4
10. 因该压力事件或随后的事情而责怪自己或别人	0	1	2	3	4
11. 有强烈的负面情绪，如恐惧、惊慌、愤怒、内疚或羞耻	0	1	2	3	4
12. 对过往喜爱的活动失去兴趣	0	1	2	3	4
13. 感觉与其他人有距离或隔膜	0	1	2	3	4
14. 难以体验正面的情感，如无法感到开心、无法对亲密的人有爱的感觉	0	1	2	3	4
15. 举止急躁，大发雷霆，或有攻击性行为	0	1	2	3	4
16. 过度地冒险或做一些可能伤害到自己的事情	0	1	2	3	4
17. 处于过度警觉、提防或戒备的状态	0	1	2	3	4
18. 容易受到惊吓，被吓到时身体有不自主的动作	0	1	2	3	4
19. 难以集中精神	0	1	2	3	4
20. 难以入睡或保持安睡	0	1	2	3	4
引自：创伤后压力综合征量表-第5版（PCL－5）（Weathers et al.，2013），美国国家创伤后压力综合征中心。					

2. 简单的PTSD自我评估问卷

我国台湾学者基于美国国家创伤后压力综合征中心的PCL－5发展出了一个简化版的中文版创伤后压力反应自评量表（PTSS－10，见表2－2）。

表 2-2 创伤后压力反应自评量表（PTSS-10）

创伤事件发生后，最近一周你的反应：	是	否
1. 你有睡眠困难吗？	1	0
2. 你会感到忧郁（伤心、郁闷、沮丧）吗？	1	0
3. 你会被突然的声音或未预期的动作惊吓到吗？	1	0
4. 你会变得容易生气吗？	1	0
5. 当回到发生创伤事件的地方，会不会感到害怕？	1	0
6. 你的情绪是否经常容易波动？	1	0
7. 你会感到身体容易紧张吗？	1	0
8. 你会感到不愿意与他人说话吗？	1	0
9. 你会做与创伤事件有关的噩梦吗？	1	0
10. 你会经常感觉良心不安，责难自己或感到愧疚吗？	1	0
注：如果有五题以上答“是”，那么建议你寻求专业精神科医生进行诊断，并寻求专业的心理咨询。		

三、PTSD的诊断步骤和应对原则

（一）PTSD的诊断步骤

DSM-Ⅴ（APA，2013）对PTSD的临床诊断步骤包括：① 确认是否有创伤事件出现；② 如果有，这个创伤事件若被个体感知为威胁生命或危及生命，则可能发展为创伤；③ 如果没有被感知为威胁生命或危及生命，那么个体不会发展成PTSD；④ 当个体再次直接或间接暴露于创伤事件中，且符合各种PTSD的诊断标准，持续时间超过1个月，导致个体的情绪情感、心理健康及社会功能等受损时，则可以确诊为PTSD。具体步骤如图2-1所示：

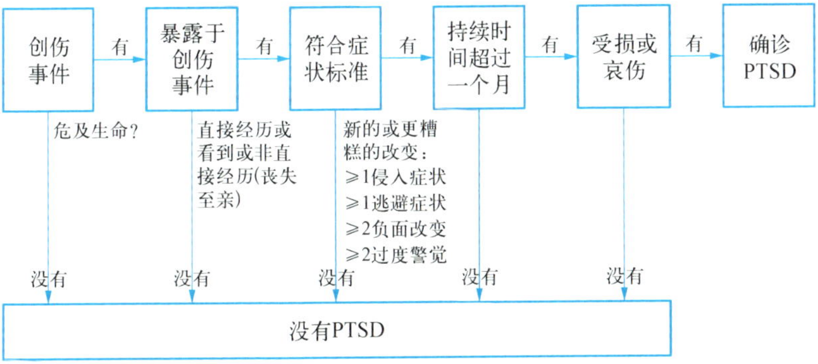

图 2-1 DSM-V对 PTSD 的诊断步骤

(二) PTSD 的应对原则

人们应对 PTSD 至少需要遵循两个基本原则：立即处理和后续治疗。

1. 第一原则：立即处理

创伤事件出现后，立即为可能受到创伤事件影响的个体进行情绪处理最为有效。当危及生命的天灾事件发生后，当事人或民众若有机会宣泄或表达自己的害怕、生气、哀伤或痛苦等情绪，则容易为他们的害怕和创伤找到一个宣泄的出口。此时的聆听尤为重要，切忌使用过度安慰的话语，比如“节哀顺变”“没有关系，一切都可以重来”等无用的语句，可用“如果想哭就哭出来吧”“有情绪就说出来，不用压着”“你现在感觉怎么样?”等允许情绪表达或开放式的语句，让个体当下的情绪被聆听、被回应，从而得以释放。救援人员、警察、消防员及一线医疗人员或义工，都是需要被及时或立即照顾的人群。

如果发生丧失亲人的创伤事件，那么聆听丧亲者的诉说，陪伴他们，让他们表达自己对亲人的思念，聆听他们对亲人逝去的不舍和痛苦，陪伴他们处理丧事，是立即要处理的事情。

如果是人际关系受创导致的创伤事件，如校园欺凌或家庭暴力，保护直接受害者的安全和进行情绪安抚是当下立即要做的事。带受害者离开可能引发他们闪回施暴的情境，聆听他们的害怕、恐惧及痛苦的感受，陪伴他们，让他们感受到温暖和安全，教给他们平复情绪的方法，比如深呼吸、正念或拥抱，都是在创伤事件出现后尽可能要处理的事情。静静地陪伴，等待他们愿意开口说话，而不必去询问发生了什么。帮助他们安神、安心和安身，是当下立即可以做的事情。如果安抚情绪等方法仍然平复不了他们的过度应激状态，必要时请医护人员给予情绪反应很激烈的人以安定剂，让他们安睡，也是必要的措施。

2. 第二原则：后续必要的系统化心理治疗或个案工作

多数人在即时的情绪安抚下可以安然渡过创伤事件可能带来创伤的危险期。如果个体不断纠结于创伤事件，进入自我责备的死循环中，且出现负面情绪的反应超过一周，就要鼓励个体去寻求专业的心理咨询或寻求社工的情绪支持。心理咨询介入的重点应是鼓励来访者多表达自己的感受，说出创伤事件对自己的意义和造成缺失的痛苦；就其自责或内疚的自我归咎问题上，重要的策略是为来访者进行心理建设，消除“如果……就……”的悔不当初的假设，减轻他们归咎于自己的过度自责，处理其不当的自我责备。比如，消防员不断自责地说“都是我不好，我太懦弱了，我要是再坚强些，再勇敢些，冲进大火中，就可能救出那个小孩了”，咨询师或社工可以协助来访者做出以下理解：作为消防员，要尊重自己当下对情境的判断，“火势太大，冲不进去”可能是自己经过长时间职业训练后做出的最好决定。对突然丧亲的存活者的内疚或罪恶感，比如因自己开车不当，导致家人逝去的罪恶感，可以用“空椅子”技术，提供一个机会让来访者的内疚得以宣泄，并以亲人的角度与之对话，促使来访者将活着的意义扩展为为家人活着。各种可能有效的 PTSD 的心理治疗方法，在第五节中会具体介绍。

四、PTSD 的影响

PTSD 对不同年龄群体的影响是不同的，这里重点介绍一般的 PTSD 对成人的影响。

长期的 PTSD 反应对个体的影响后果包括生理（含大脑结构的改变）、心理和社会功能等几个方面。

（一）生理反应

长期的 PTSD 对个体的生理影响包括：各种身体不适的症状和非病理性的生理不良反应，如非器质性问题的消化道疾病、头痛、胸闷、腹痛、呕吐；神经反应和功能改变，包括交感神经的过度反应、激素的变化、肾上腺素的变化。此外，个体容易有受惊吓的反应，进而引发睡眠障碍，增加神经激素的改变，造成压力反应增高与忧郁的可能；造成脑波活动、脑部结构及功能改变，如记忆缺失或错乱、害怕的反应等；采用 MRI 扫描的研究显示，相较于其他人来说，长期的 PTSD 患者的海马旁回、杏仁核及前扣带回皮质的体积明显较小（Bremner et al.，1995；Karl et al.，2006）；PTSD 患者的去甲肾上腺素水平明显升高，而中枢肾上腺素能受体明显下调（Geracioti et al.，2001），糖皮质激素水平长期降低而其受体上调，且左侧大脑功能相对不足（van der Kolk，1997；Tian et al.，2015）。PTSD 出现后，患者的大脑功能失衡，出现信息处理阻塞现象，“大脑无法区分安全或不安全状况”（意义丧失）（APA，2013），或者“大脑无法区分是想象出的创伤还是正处于创伤状态，也会处于超唤醒状态，出现注意力狭窄、侵袭性创伤记忆再体验、反应麻木或逃避”（APA，2013）。

值得注意的是，遭遇创伤事件后的头部外伤可能出现创伤性脑损伤（Traumatic Brain Injury），也会出现 PTSD 的症状。诊断 PTSD

时，须排除器质性的问题，要注意患者在遭受创伤事件时头部是否有外伤，如果患者有头部外伤史，应进行头颅 CT 或核磁共振成像检查，以明确有无创伤性脑损伤。

（二）情绪、心理及社会功能反应

毋庸置疑，罹患病理性 PTSD 的个体容易情绪低落，沉浸在痛苦中，易患各种与情绪、情感相关的疾病，比如抑郁症（重度抑郁症或长期抑郁）、焦虑疾病（如恐惧、恐慌或社交焦虑）；认知风格偏向负面和悲观，低自尊与低自信心，工作效能感低下，容易出现偏差行为，比如饮食疾病（厌食、暴食）、酗酒、抽烟、药物依赖、病理性赌博、网络成瘾及解离症状，甚至出现自伤或自残行为；社会功能退化，容易出现人际关系问题或社会退缩。职场人士还容易出现压力应对障碍，容易自我怀疑、自我指责，出现职业自我效能感低下，甚至出现无法完成职场要求及无法胜任工作的社会功能与角色退化现象。

对于青少年来说，PTSD 的影响更多以情绪、行为及躯体的症状综合呈现出来。比如，我在香港治疗过一个新移民的孩子，他因为初到香港，学习和文化适应不良，且在学校被同学欺凌。由于这种负面感受长时间没有消除，这个孩子逐渐出现了一些 PTSD 的反应，包括情绪低落、不开心、社会退缩，且只要去上学，一到学校门口就会感觉腹痛，甚至出现呕吐现象，学习成绩明显退步，容易发脾气，甚至深陷网络游戏中，逐步成瘾。

第四节　六岁及以下儿童的 PTSD 诊断和治疗

一、六岁及以下儿童的 PTSD 与成人的差异

评估 PTSD 时要注意，患者如果是六岁及以下的儿童，就不能套

用成人的评估标准。总体来说，六岁及以下儿童的PTSD与成人的差异性主要表现在以下几个方面（APA，2013）：

① 不需要再次或反复经历创伤事件或暴露在与其有关的负面信息中，即将可能产生症状、逃避与负面情绪合并成一个诊断类别的次分项；

② 学龄前儿童的创伤后压力表现的主要症状会因人而异；

③ 突发、灾难性的医疗事件较符合创伤条件；

④ 儿童可能出现退行现象（比如行为低于其年龄该有的表现，更无法照顾自己或表达需求等）、假性幻听或意念偏执等；

⑤ 儿童不一定在创伤事件发生时及重复经验的过程中有情绪表现，反而表现在游戏、日常行为与情绪之中；

⑥ 儿童经历创伤事件或替代性创伤后，不需要重复经历创伤事件，无须时常闪回，比如家暴、体罚或侮辱性的语言暴力，一次就可能诱发儿童出现PTSD。

二、六岁及以下儿童的PTSD的诱因和影响

（一）童年逆境及人际创伤是诱发儿童PTSD的主要因素

儿童发展与其家庭密切相关。发育创伤综合征（Developmental Trauma Disorder，DTD）大多由于儿童遭受长期创伤，且创伤多由其照顾者引起，或长期遭受或目睹照顾者的虐待、家庭暴力或家庭失能，或与照顾者之间的依恋中断所导致（Ford et al.，2013）。库克等（Cook et al.，2005）将之称为人际创伤，其可能是因实际发生的人身伤害、性侵犯、家庭暴力或死亡事件所致，也可能是由于主观事件，如遗弃、背叛、失败或羞耻所造成的。儿童的PTSD大多为复杂的PTSD（van der Kolk，2005）。

美国学者总结认为，十种童年逆境（Adverse Childhood Experiences，ACE）会诱发儿童 PTSD，包括肢体暴力、情绪暴力、情绪疏忽、身体疏忽、性侵害、家暴、家长离婚、亲人有药物滥用或酒精成瘾问题、家长有心理疾病，以及家庭中有人坐牢（Bellis et al.，2014）。

（二）童年逆境对儿童一生的影响

研究显示，18 岁及以下的儿童青少年，46.5%会遇到至少一次童年逆境，13.6%至少遭遇四种甚至更多的童年逆境；23%遭遇过语言暴力，20%曾面对父母离婚，17%有过躯体被虐经验，16%经历或目睹过家庭暴力，10%有受到性侵犯的经历，14%家人有精神疾病（Bellis et al.，2014）。这些童年逆境如果成为创伤事件，将直接影响儿童的躯体和神经发育，导致他们神经发育受阻，身体出现调适负荷的症状，情绪、认知和社会角色功能受损，再长大些可能出现高危行为甚至犯罪行为；个体还可能出现疾病、残障和社会问题，出现早夭的概率大增。有创伤经历的儿童，成年后有四成以上会出现药物滥用或吸食大麻，或成为早孕母亲；约三成会过早有性经验；约一成半终身有饮食问题（如图 2－2 所示）（Bellis et al.，2014）。研究表明，ACE 分数

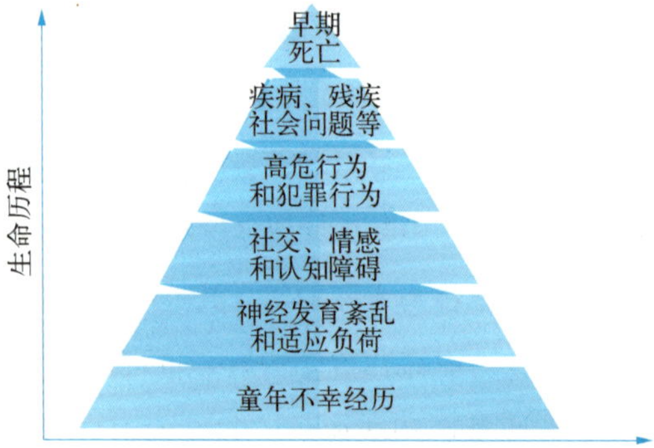

图 2－2　童年逆境对个人一生的影响

愈高（在儿童期经历多种创伤）的人，成年后罹患身体疾病或心理疾病的概率更大，包括罹患癌症、心血管疾病、药物滥用或酒精成瘾、肥胖、抑郁症，以及有自杀倾向或寿命减短（Renner and Slack，2006）。

通常，遭受童年逆境的儿童中，有 30%～60%成年后会罹患创伤后压力综合征；因为人际创伤事件，有近 40%的儿童出现的问题符合创伤后压力综合征的诊断（Bellis et al.，2014）。出现创伤事件后，家人可能因为孩子小，不敢去谈论，创伤事件成为家庭甚至是家族的“秘密”。但对孩子来说，他们会感到困惑、迷茫、不解，但却无法用语言描述自己经历这些创伤事件的感受。可以说，童年的创伤经验会产生类似的慢性“毒性压力”，进而伴随儿童的成长，甚至会对其一生产生负面的影响。

（三）童年逆境的评估量表

为迅速甄别出可能需要关怀的、有高创伤风险的儿童，以使他们尽早得到相应的照顾，美国疾病预防与控制中心研发了一套快速筛查是否有童年不良经历的调查问卷（见表 2-3），这一问卷被应用于全美国调研，成为美国最大、最重要的公共健康调查项目之一。

表 2-3　童年逆境（ACE）评估量表

说明：下面列出了十类儿童期不良经历。请选出您在 18 岁前经历过的事情。符合计一分，不符合计零分，请计算您经历过的 ACE 类别数量，并将总数填写在底部。	
1. 你的父母或其他在你家里居住过（不是短暂停留，是定居过）的成年人（包括老人、远近亲和非亲属）是否曾经时常或频繁地对你进行威胁、辱骂、践踏自尊、侮辱人格的语言攻击？或者他的某些行为导致你常常感到害怕/担心会被对方施以暴力（体罚）？	有　　没有

（续表）

2. 你的父母或其他在你家里居住过的成年人，是否经常推你、抓你、打你、煽你或朝你扔东西？或者曾在你的身体上留下伤害的印记（如乌青、血印、伤口，甚至更严重的伤筋动骨等伤害）？	有	没有
3. 你是否曾被家里的成年人或一个比你至少大五岁的人，不恰当地抚摸身体？或者遭到猥亵，其尝试与你发生与性相关的任何行为？或者曾经被其实施强暴（包括口交）？	有	没有
4. 你是否经常感觉没有家人爱你，或没有人认为你是重要的、独一无二的/特别的，或感觉家人之间并不互相保护、互相照顾、互相支持？	有	没有
5. 你是否经常感觉到你没有足够的食物或常穿脏衣服，并且没有什么人能真正保护你？或者你的父母总是被别的事情（如烟、酒、赌博、不正常的工作量）所干扰而不能照顾到你（比如你生病了没有带你去看医生）？	有	没有
6. 你的父母分居或离婚了吗？或者在你的成长过程中，他们曾分居过或离婚过吗？	有	没有
7. 下面的文字有描述到你的母亲或继母的经历吗？ 经常或频繁地被推、被抓、被打、被煽、被东西砸；有时、经常甚至频繁地被踢打、被咬、被用拳头揍，或被用物体击打，或者以上动作在几分钟内连续不断地发生，造成伤口和乌青等印记，或者被用刀（或其他伤害性工具）威胁过？	有	没有
8. 你曾在一段时间内和一个酒精成瘾或毒品成瘾的人（父母或其他成年人）居住在一起吗？	有	没有
9. 你的家里有人经常抑郁、情绪压抑，是被确诊或从未被确诊的抑郁症患者，或其他心理疾病患者吗？或者你的家里有人曾经尝试过自杀，或有自杀的想法吗？	有	没有
10. 你的家里有人被关进（过）监狱吗？	有	没有
ACE 总分＝		

调研了近两万名美国成年人后，研究者了解到他们童年时期有多缺爱，经历了多少不幸，这些童年的不幸经历或不堪过往是如何影响他们的成长的。ACE 的分数结果与其健康状况相联系（Felitti，2002；Felitti et al.，1998），结果令人震惊——ACE 得分越高，健康状况越糟糕：67％ 的受访成年人至少有一种童年不良经历；12.6％的至少有四种或以上的不良经历。当 ACE 得分大于 4 时，个体罹患慢性阻塞性肺病和肝炎的风险会增加 2.5 倍，罹患抑郁症的风险会增加 4.5 倍，自杀的风险会提升 12 倍；当 ACE 得分大于 7 时，个体罹患癌症（肺癌和其他癌症）的风险会提升 3 倍，罹患冠心病的风险则会增加 3.5 倍。

三、儿童 PTSD 的症状

儿童是否会罹患与成人不同的 PTSD，学术界一直存在争议。一般的 PTSD 诊断没有考虑到两个问题：一是创伤与儿童发育之间的动力关系，创伤如何影响儿童的发育（特别是大脑的发育）；二是儿童所处的发育阶段如何影响其创伤症状发展。这两个问题在一般的 PTSD 诊断中是无法确定的（Ford et al.，2013）。

（一）患有 PTSD 的儿童的典型症状

研究者总结了儿童 PTSD 的症状及其行为特征，共包括以下七个方面（Cook et al.，2013；Ford et al.，2013）：

① 依恋关系存在边界问题：或者过于容易逾越人际关系边界，与陌生人产生过度亲密的关系；或对他人缺乏信任，自我孤立或容易被社会孤立，难以感知他人的情绪和情感状态，或难以回应他人的情绪需求；

② 容易出现感觉-运动发育障碍，出现感知统觉困难，心理或精

神问题常以躯体化（somatization）的方式呈现出来，躯体疾病增多；

③ 情绪或情感自我调节或管理出现困难，难以识别、表达自我的情绪情感需求和内在感受，难以沟通，难以表达自己的欲望或愿望；

④ 出现明显的解离症状，容易失忆、人格解离，独立意识、记忆情绪、记忆功能及人际关系分离出现困难，基于情绪事件的记忆受损等；

⑤ 难以控制行为，容易有冲动行为、侵略性或攻击性行为，或病理性自慰行为等，容易罹患睡眠障碍或困难症，容易肥胖或过度饮食；

⑥ 认知上难以集中精神，专注力和执行力差，较难决策，解决问题能力存在偏差，难以处理新的资讯，学习能力偏弱，难以完成任务，难以思考因果关系，语言表达能力差，推理等高阶的认知能力差；

⑦ 自我概念混乱，自我形象差，自尊心低，容易出现羞耻感和内疚感，经常以自我指责或负面自我说话的内在运作模式进行自我沟通或自我论述。

（二）PTSD 对儿童的影响

有心理创伤的儿童容易失去生活方向，对事物失去兴趣，甚至难以相信自己能长大成人，且经常出现各种躯体性反应，如胃痛、头痛。值得注意的是，除了会出现上述四种症状群的症状外，相对于成年人而言，儿童较容易出现丧失近期发展的生活能力（退行症状）、心身症状（如肚子痛、鲁莽行为、分离焦虑）等。在诊断儿童 PTSD 时，我们需要考虑儿童发育过程中的动力变化。比如，儿童的个性、人格和情绪尚未稳定，易受外在环境如家庭、学校、同学、朋友、当下的流行文化及媒体等的影响，对失去、痛苦、生命意义、死亡的概念，以及对性及其所缔结的各种关系（亲密关系及婚姻关系等）的认识和表达都可能呈现出阶段性特征。因此，我们在评估经历重大风险事件的儿童时，须动态地评估儿童所处的年龄阶段应该呈现的认知水平，才能确定和评估创伤带来的情绪认知症状。

考虑到6岁及以下儿童的认知能力尚在发展中，侵入性的灾难经历未必是其亲身经历的，也可能是其想象或看到的类似情景，激发了儿童强烈的身、心及情绪反应。比如，一些孩子看鬼怪恐怖电影或在网络上目睹了死亡事件，因为内在的恐惧和害怕没有被发现，脑海中不断出现恐怖的画面，容易出现怕黑、怕鬼、怕独处等畏避症状，坚信世界上有恐怖的鬼怪等负面认知和信念；容易过度敏感或警觉，容易生气，睡眠易中断，有过度警醒、过度惊吓等反应；甚至可能出现黑暗恐惧或密集恐惧症等。近期，有学者对罹患PTSD的儿童的脑部进行研究后发现，他们的大脑出现了腹内侧前额叶容积较小、前额叶与边缘核的功能性联结较差等结构性损伤（Ford et al.，2013）。

对于正在发育中的儿童而言，PTSD在生理神经上的破坏力更深远。研究者应用功能核磁共振成像（fMRI）研究后发现，急性应激和“多重伤害”或反复创伤容易导致儿童神经发育中断，并容易诱发精神疾病。研究还发现，对控制认知、情绪、感知和社会互动至关重要的三个网络，即默认模式网络（default mode network）、显著网络（salience network）和中央执行网络（central executive network），其在罹患PTSD或反复有创伤反应的儿童群体中呈现出明显异常，而这三个网络内和网络间的异常活动被认为是诱发精神症状的生理神经基础（Corr et al.，2022）。

四、对有童年逆境或创伤经历的儿童的照顾

家庭变故对每个人都会产生深远的影响，特别是儿童。对经历过童年逆境或创伤的儿童而言，越早甄别，越早进行专业介入，越容易协助他们阻断负面影响的扩散。

1. 情绪安抚

问题出现后，对个体的影响首先反映在情绪波动或不安上。当儿童出现激烈的情绪波动时，如易焦躁不安、易激惹、易发脾气，或沉默寡言，对其当下的情绪进行安抚及对其进行情绪情感回应非常重要。记住，不要急于开启太多话题，也暂时无须对儿童的创伤过往进行太多的探究，关键是照顾“当下”的情绪，协助他们对自己的情绪波动进行觉察，协助他们对波动的情绪进行及时平复。基本的情绪平复方法可以采取 A、B、C、D、E 五个步骤进行：

A - Awareness——觉察：提升儿童对自己情绪的觉察力，包括给自己的情绪命名，说出自己的情绪，了解情绪来自何处，是什么情境，以及情绪对自己的影响，包括身体反应、呼吸急促等状态。

B - Breathing——深呼吸：呼吸是个体自我平复最简单有效的定神的“锚”（anchor），深呼吸有助于个体大脑充满氧气，同时亦可以让自己安神和定心。腹式深呼吸法是用鼻子吸气、用嘴巴呼气。用鼻子简单有力地连续吸气两下（两秒），再缓缓地呼气（六秒呼出一口气），令腹膈肌上升，肚子呈凹陷状态。这种二短一长的腹式呼吸法旨在调整自主神经，吸气是调整交感神经，而缓缓呼气则令副交感神经有效抑制交感神经，令个体大脑的活跃度下降，躯体感受变得缓慢。这一方法可以协助个体吸入足够的氧气，使大脑恢复清醒，更重要的是，个体在缓慢的调节下可以慢慢冷静下来。

C - Counting——计算：当个体处于情绪过分激动状态时，可以协助个体进行数学计算。咨询师或社工可以与儿童进行数学运算，从100减7开始，连续倒退减7，连续减7次，这个运算过程可以让个体的注意力集中于简单的计算中，通过事情解决的聚焦方法慢慢冷静下来。也可以让个体进行不同颜色的物品的计算，比如要求儿童找出三个白色的物品、两个红色的物品、四个蓝色的物品，在寻找物品的任务导向下，个体的情绪也可以缓慢地冷静下来。

D - Distancing——抽离：如果儿童回忆起创伤事件时情绪非常激动，则需要咨询师或社工以声音来提醒他，“不用担心，你现在很安全，你现在和我在一起，不要怕”。对于有创伤经历的儿童，咨询师或社工要小心，不要武断地碰触他们的身体，要在熟识他们对身体接触的感受之后，才可以采用拥抱的方式安抚他们。可以用想象的方法带儿童离开脑海里浮现的创伤情境。比如，在接触儿童之前，我们可以用意念放松的方法，带领儿童进行“漫步”。

请轻轻闭上眼睛，做两个深呼吸。请听着我的声音，想象你正在随着我慢慢往前走。走到一片青草地，那里微风拂面，感受一下微风接触皮肤微微的、凉凉的感觉。深呼吸，我们闻到了花香，我们看到了，原来这是一片玫瑰花地。深呼吸，花香淡淡，沁人心脾，我们看到一只小白兔活跃地往前跑去，前面是一片绿油油的草地。深呼吸，我们继续往前走。我们看到一片蔚蓝的大海，蓝天，白云，海鸥，海风吹拂着脸颊，有股淡淡的海水的味道。我们踩着细细的沙子，海水轻轻地拍打着脚面，轻轻漫过脚踝，有种凉凉的感觉，这时，我们感觉非常舒服、非常开心，也非常平和。仔细看看，你现在身处何处？是在海边的小房子里，还是在那片青青的草地上？请在脑海中留下那个令你舒适、温暖的地方，感受一下，那个温暖舒适的地方有没有什么特别的味道，或者什么特别的东西，让你一说起就能想起它——你的心理安全岛。

当儿童情绪波动特别大时，可以由心理咨询师或社工进行以上意念放松，并协助儿童寻找自己内心的心理安全岛（safe place）。当他再次出现情绪波动或恐惧时，心理咨询师或社工可以协助他迅速回到自己的心理安全岛。指导语可以是："xx（儿童的名字），当你感觉害怕（恐惧或不安）时，请做一个深呼吸，迅速在脑海中搜索那个令你感到温暖的、舒适的（带有凉凉的感觉——安全岛的感觉或味道）心理安全岛，慢慢深呼吸，慢慢深呼吸，不要怕，我们都在安全的地方，我们在一起。"进入心理安全岛，儿童就可以与脑海中不断出现的创伤情境保持距离。

E-Expression——表达：能说出痛苦，其痛苦的程度就会随着诉说和宣泄而下降。协助儿童对自己当下的感受进行描述，并进行评估，有助于心理咨询师或社工对儿童的情绪进行把握和处理。可以协助儿童以这样的方式进行描述，"当我进入______（地理情境），看到______（事件情境）时，我就会感觉______（情绪词语，比如恐慌）"，可以用0～10分协助儿童对当下的情绪波动进行定位，0分代表没有感觉，10分代表感觉非常强烈。在与儿童的互动中，心理咨询师或社工应协助儿童了解自己为什么用某个数字来说明自己的情绪感受的程度，比如，为什么是7分，什么让你的害怕这么强烈？为什么还有3分令你没有那么害怕，是什么让你可以不那么害怕（或恐惧）？

当我们对儿童当下的情绪进行回应时，我们也可以通过照顾和放松儿童身体的方式来进行。比如，协助儿童以拍胸脯加大口呼吸的方式来平息自己的害怕。如果儿童愿意，除了言语的回应外，心理咨询师或社工也可以协助儿童进行适当的身体刺激，比如教儿童进行双手对搓发热，或轻柔地拥抱儿童，或轻摇儿童的身体，或让儿童用手轻轻托住自己的脸颊，轻轻进行揉搓，这些适当的身体刺激有助于调节儿童创伤后的压力反应系统。

2. 创伤情境的事先告知

任何的环境变化都可能让内心带有心理创伤的儿童感到焦虑不安，包括生活中的微小变化，如具体的生活场域变化、调位置或调课程、换老师，或家里有其他陌生人入住等，或在建立专业治疗关系的过程中，由于来到心理咨询室或社工个案工作室，与“陌生人”的接触或沟通等貌似平常的小变化，都可能使有创伤经历的儿童内心崩溃，或出现创伤性反应，包括躯体不适。在任何变动出现前，心理咨询师、社工、照顾者应敏锐地觉察他们的情绪变化，提前说明可能出现的变化或治疗中的情景，帮助他们进行心理建设、做好准备，提升他们对环境的掌控感（environmental mastery）；如能提前了解他们的心理安全岛，就可以让他们在内心崩溃或情绪过度波动前，有个抽离并退到心理安全岛的机制，如此有助于促进与有创伤经历的儿童建立专业的工作关系。

3. 耐心等待

耐心等待包括耐心等待介入的时机、耐心等待儿童愿意分享的契机、耐心等待打开创伤事件的“当初”和过往的经历与体验。开展心理创伤儿童社会工作，心理咨询师或社工应耐心地以爱陪伴，与他们建立良好的、可信任的关系。在工作关系建立的初期，心理咨询师或社工不要急于去谈及儿童过往的创伤事件，或不堪的过往，最好是着眼于对他们当下情绪的安抚，并敏锐地观察他们的情绪波动和变化，对他们的积极变化进行及时反馈，并对此变化保持好奇心，与儿童一起探索引发积极变化的原因，让儿童发现他们微小的改变都能被看到、被肯定，他们会更快也更愿意与我们建立关系，打开心扉。如果对儿童当下的情绪波动关心不足、安抚不够，那么心理创伤会令他们犹如惊弓之鸟，在惊魂未定时被迫回忆创伤的过往。由于共情不足而进行理性讨论，很容易使儿童产生不舒服和不安全的感觉，甚至出现类似创伤的经验，因此，尊重儿童的感受，尊重儿童说话的意愿，尊重儿童想说的时间与表达方式，是建立良好工作关系的前提。心理咨询师或社工可以做的是“重视当下而不是当初”，“足够共情而不急于讨论”，“邀请但不要求”，“谈而不判”，以关爱发展工作关系，向儿童展现出“我们一起想办法，你想说就说，不想说就等你想说的时候再说，不着急”的态度。若儿童能得到心理咨询师或社工足够的理解和回应，特别是其当下的感受能得到足够的梳理和回应，儿童就会有足够的勇气和信任，与心理咨询师或社工一起回溯过往，儿童也可能会从更具弹性的角度来看待过往的创伤。切忌对有创伤经历的儿童进行“过去了就没事了”“你忘不了是你的问题”之类的劝说和归因。

与其他儿童精神疾病类似，在治疗患有创伤后压力综合征的儿童时，我们需要多系统、多角度的跨专业团队的介入。要先确认其创伤事件的危机是否已经解除，这往往需要家校合作和介入。针对 6 岁及以下儿童的 PTSD 实证研究显示，认知心理治疗（CBT）、沙盘游戏、舞蹈治疗、游戏治疗、画画心理治疗等在临床上比较有效。药物治疗上，可乐定（Clonidine）、心得安（Inderal）被认为对交感神经过度兴奋（Sympathetic Hyperarousal）的身体症状有改善效果；选择性血清素再摄取抑制剂（SSRI），如百忧解，对各类症状都有效果；抗焦虑剂的长期效果并不明显，目前主要用在急性症状上，以短期使用为主。值得注意的是，心理咨询师或社工应了解这些药物对儿童的疗效及可能存在的副作用，以便更好地协助家长理解药物治疗的重要性。心理咨询师不能随便给儿童开这些药物，一定要督促家长带着儿童去专业的精神科进行诊断和治疗。一般来说，使用药物两周后，足以让儿童内心安定下来。此时，心理咨询师或社工再进行心理介入会更有效。

此外，在以药物治疗为主的过程中，心理咨询师或社工更重要的工作是协助或支援家长和儿童发展重要他人（significant others），比如班主任或主要照顾者，协助他们为有心理创伤的儿童创设安全的、支持的和友爱的环境，令儿童在心理上有足够的安全感，以配合医生的药物治疗。

第五节　PTSD 的治疗策略及伦理考量

有关 PTSD 的治疗一般分为心理治疗和药物治疗（Stein and Rothbaum，2018）。药物治疗需要与医生合作，此处不再过多阐述。心理实践证明，很多方法对治疗 PTSD 是有效的，包括认知行为疗法、延长暴露疗法（Prolonged Exposure，PE）、虚拟现实暴露疗法（Virtual Reality Exposure Therapy，VRET）、眼动脱敏信息再处理疗法（Eye Movement Desensitization and eprocessing，EMDR）和正念疗法（Mindfulness Therapy，MT）等。在常用的治疗方法中，认知行为疗法已为大家所熟知，这里不再具体展开，以下主要就 PE、VRET、EMDR 和 MT 等进行简单介绍。

一、延长暴露疗法

延长暴露疗法是一种聚焦创伤的心理治疗方法（Powers et al.，

2010)，类似于大满贯的治疗方法。其治疗方式包括现场暴露（In Vivo Exposure，IVE）、想象暴露（Imaginal Exposure，IE）、创伤记忆加工、呼吸训练等，是聚焦于创伤的疗法（Foa et al.，2007）。随机对照试验证明，PE适用于多个人群，如成人、儿童、青少年和军人等（Foa et al.，2018；Rossouw et al.，2018；Zoellner et al.，2018），并对有药物滥用、人格障碍等共病性的患者有明显的疗效（Foa et al.，2013；Harned et al.，2014），是美国军方及心理协会首推的治疗PTSD最重要的心理疗法（APA，2017）。

在PE中，首先要唤起患者的情感投入，包括在安全的情境中，阶梯式唤起或激活创伤事件所裹挟的恐惧、焦虑等情绪。如果无法唤起患者的情绪反应，此方法就没有任何治疗效果；多次的情绪唤起和情感投入会令患者关注与创伤有关的刺激物。刺激物在其生活中不断出现，逐渐让患者慢慢习惯创伤性刺激，消减负面情绪。这实际上是通过改造个人的感受力，让患者大脑的习惯思维发挥作用，以克服对事物的恐惧。在两次负面情绪唤起的治疗中，治疗师要特别关注这两次情绪唤起的变化，特别是要促进个体逐渐消减负面情绪对自己的影响。治疗师要与患者一起就创伤性记忆发展出一个连贯性和细节化的情绪唤起情境，在这个过程中积极重塑患者的认知和信念，最后达到抑制恐惧的效果（Cooper et al.，2017）。由于PTSD的闪回症状，PE聚焦个人创伤情绪反应的消减，在进行重要治疗环节——创伤情感暴露时，患者容易产生回避情绪，有时还会因过度投入导致负面情绪更加强烈，这些都限制了PE的应用和疗效（Foa et al.，2007）。研究表明，有10%～40%的患者基本上没有办法使用该治疗方法，或者治疗一段时间以后出现反复；9%～39%的患者无法完成治疗（Steenkamp et al.，2015）；56%～61%的患者在治疗后无法唤起相关内容，或者一唤起就害怕，有回避行为，他们的PTSD诊断率仍然较高（Schnurr et al.，2007；Yehuda et al.，2014）。

二、虚拟现实暴露疗法

在高科技盛行的时代，有治疗师综合虚拟现实技术与暴露疗法，发展出虚拟现实暴露疗法，或虚拟现实分级暴露疗法（Virtual Reality Graded Exposure Therapy，VRGET），以逐级增加暴露强度来治疗PTSD（赵后雨等，2019；Rizzo and Russell，2017；Kothgassner et al.，2019）。虚拟现实（VR）是一种跨学科、多技术综合的技术，通过高分辨率显示技术及多传感交互技术生成逼真的虚拟唤起情境，在这个情境中模拟了视、听、嗅、触、运动等多种感觉，是一种沉浸式、交互式的虚拟环境，能够使人产生身临其境的感觉（Negu et al.，2016）。VRET的实际应用跟PE差不多，只是虚拟的唤起方法是可控的。与PE不同的是，治疗师不直接面对患者，而是在视频监视器上查看虚拟环境，匹配患者描述的刺激。应用仪器，在虚拟的唤起环境中，治疗师可以精确地控制暴露强度和速度，协助患者对抗和处理创伤性体验。治疗师会继续鼓励患者暴露于最具创伤性的记忆中，逐渐增加VR模拟中的现实性和暴力性，患者体验到的压力也逐渐增加。治疗师通过创伤主观单元来判断焦虑水平，还可以结合生理反应监测患者的情况，选择或者改变暴露强度（Kothgassner et al.，2019）。VR技术的加入增强了“游戏化”体验，改变了患者对心理治疗的刻板印象，甚至有研究显示，有19%的人拒绝传统心理治疗，更愿意使用基于VR的PE治疗。因此，在治疗PTSD的过程中，VRET在真实性、可控性和可接受性上具有独特的优势（赵后雨等，2019）。

三、 眼动脱敏信息再处理疗法

眼动脱敏信息再处理疗法是德国心理学家弗朗辛·夏皮罗（Francine Shapiro）于 1987 年在一次散步时偶然发现的。她发现，伴随着自己眼球的左右运动，正在思索的令她烦心的想法竟然消失了。由此她自创了眼动脱敏信息再处理疗法，并开始了有关 EMDR 应用于 PTSD 治疗与干预的实证研究。夏皮罗（Shapiro，1995，2001，2012，2014a，2014b）指出，当人们的一些创伤性情绪记忆被锁在神经回路中后，人们可通过快速的眼动训练进行左右大脑的协作。EMDR 利用大脑的可塑性，通过眼动训练人脑中的胼胝体；通过有节奏的眼动，促进并带动胼胝体进行左右两个大脑的合作，以进行信息处理，一些锁在神经系统中的负面记忆团从长期的记忆里被唤起、被激活，变成一个短期的可工作的记忆，令被锁住的创伤性或负面记忆团慢慢被打散，使大脑可以对这些信息进行再处理，直至其最后消散。

EMDR 对 PTSD 的治疗核心是双向式/对偶式的注意刺激，即注意二元聚焦（Dual Attention Focused），包括对需要加工的被选定的目标记忆进行聚焦，以及双眼转动过程中对外来刺激物（如治疗师的手、音乐等）所带来的感官刺激的聚焦。EMDR 的治疗思路是先充分了解患者的过往历史，比如创伤事件及其相关的感受和生理反应等；在创伤性感受被唤起之前，治疗师需要了解个体的安全岛，并进行安全岛的建构和强化。这一步非常重要，因为患者的问题根源反映了其内心的强烈不安，安全岛的建构有助于患者在之后的治疗过程中，面对难以承受的创伤性体验唤起时，有一个安全的地方可以退回。了解了患者的创伤经历和建构安全岛后，治疗师需要与患者探索练习 EMDR，并设置一个停止的信号（在各阶段情绪唤起时，若患者无法承受，可协助患者停止并进入安全岛），治疗师应告知患者，“任何时候，当你感觉需要停止时，举手示意即可”。在安全岛和停止信号建构成功后，治疗师要与患者协商选定一个记忆目标、相关景象、相关的负面消极认知和积极认知，并用认知效度评估量表（Validity of Cognition，VoC）来评估目标记忆所唤起的积极认知和感受的可信度或准确度。比如下面的场景：

治疗师：“今天你希望和我一起处理哪个过往的记忆片段？”

患者：“夏令营团队的每个成员都被选了，而我却是最后一个被选的。”（情境唤起）

治疗师：“哪个情境代表那个事件（事故）中最糟糕的部分呢？”

患者：“每个人都被选择成为团队的一员，而我仍然孤独地站在那里。”（相关事件的负面/偏执的认知）

治疗师：“你认为哪些词语最能描述在那个事件（事故）中你的负面/偏执信念或认知？”

患者：“我不够好。”（消极负面的认知）

治疗师：“当你想到那个情境/事故时，你希望现在的你是什么样的呢？”

患者：“做我自己就很好。”

接下来利用认知效度评估量表进行积极认知可信度的评估。

治疗师：“当你想起那个情境/事故时，你认为那些词语（重复积极的正面认知）对于现在的你来说，准确率有多高？请用1～7分来评价这个准确性（1表示完全不准确，7表示完全准确）。”

患者：“勇气的水平？大约是3。”（负面情绪唤起及主观困扰感觉评估）

治疗师：“当你想到那个情境/事故和那些负面的词语（重复念出“我不够好”）时，你现在的感受是什么呢？”

患者：“被吓到了，受伤了，生气。”

治疗师应用主观困扰感觉评估量表（Subjective Units of Distress Scale，SUDS）来评估这个负面情绪唤起的程度，以确定EMDR的眼动频率和治疗进度。可以说，SUDS的评估是整个治疗过程的进度中央监测器（central monitor）。

治疗师：“那个事件对你来说，现在所感受到的困扰有多大？以0～10分来评估，0分表示没有困扰/自然的，10分表示最高程度的困扰。”

患者：“大约是5。”

同时，由于患者经历的创伤事件诱发的感受反映在患者的身体感受位置上，故对患者身体感受最强的位置进行身体扫描（body scan）。

治疗师：“你感觉到的困扰现在在身体的哪个部位呢？”

患者：“在我的胸部和腿部。”

接下来就是重点阶段——负面情绪感受的脱敏（desensitization）

阶段，同时将积极的认知通过眼动植入（instilling）并加固于脑中。在这个阶段，EMDR 把原有的灾难情况画面与后来植入的正向自我陈述和积极想法，在脑海中联结起来，虚拟练习“以新的力量面对旧的创伤”。

最后一个阶段是治疗师用放松技巧、心像、催眠等方法来加强 EMDR 的疗效，对整个过程的疗效进行再评估，并决定这一治疗是否需要再继续，或转介或可以停止。

EMDR 的疗效得到了很多实证研究的支持。比如有研究者应用随机对照试验（Randomized Controlled Trials，RCT）方法证明了 EMDR 对 PTSD 的治疗很有效（Shapiro，1989；Valiente-Gómez et al.，2017）；韩国心理学家混合每次 60～90 分钟共三周的治疗（n=15），来治疗有儿童早期创伤的心理疾病患者，收到了很好的效果；在治疗有知觉失调（早期的精神分裂症）的 108 位病人时，研究者发现 EMDR 在聚焦治疗其创伤感受时非常有效（Van Minnen et al.，2016）；有研究者应用 EMDR 和大满贯方法对比治疗 PTSD 的疗效，结果发现 EMDR 更安全有效（van den Berg et al.，2015）。由此，世界卫生组织（WHO，2013）认定 EMDR 对 PTSD 是一种有效的治疗方法（de Bont et al.，2013；Novo et al.，2014；Perez-Dandieu and Tapia，2014）。

四、正念疗法

20 世纪 80—90 年代，结合正念的治疗方法不断被应用于各种精神疾病的治疗中，并取得较好疗效（King et al.，2016）。正念是“不加评判注意到当下未经加工呈现的经验”（Kabat-Zinn，2003），强调的是当下的感受和经验，重视注意当下。正念并非指念头和感受必须是正向的、积极的，而是指关注正当下的感受、状态。正念基本属于辅助手法。

正念经常与各种疗法结合形成不同的治疗形式，包括正念认知行为疗法（Mindfulness-based Cognitive Behavioral Therapy，MCBT）、正念减压疗法（Mindfulness-based Stress Reduction，MBSR）、正念认知疗法（Mindfulness-based Cognitive Therapy，MBCT）（Kingston1 et al.，2007）、正念暴露疗法（Mindfulness-based Exposure Therapy）（Boyd et al.，2018；Gallegos et al.，2017；King et al.，2016）。基于正念的疗法已成为治疗 PTSD 的重要的非聚焦创伤的补充治疗方法。

正念治疗方法秉持七个治疗原则（Kabat-Zinn，2013），包括停止评判（Don't Judge）、接纳（Acceptance）、耐心（Patience）、不强求（Non Striving）、感恩（Gratitude）、放手（Letting Go）和初学者心态（Beginner Mind）。

停止评判，接纳自己现在的不舒服状态，要接纳自己所有的东西，如果自己是个癌症病人，也要接纳这个身份，因为癌症就是个人身体和身份的一部分。此外，接纳的重点反映在以人为本上。心理咨询师或社工在进行个案治疗时，如果预设了治疗的期待，而忘记了与案主的协作关系，就会觉得案主今天怎么没有达到自己期待的状态，甚至是没有变化，从而产生专业方面的无力感，这样的想法也是一种不接纳。心理咨询师或社工不能接纳案主现在还无法达到自己所期待的状态，以为自己很努力地以案主为准，为案主服务，但可能实质上只是以实现自己的期待为中心。PTSD 有很多种反应，在工作关系中，心理咨询师或社工要接纳案主所有的反应，接纳这些是案主的一部分，这样的接纳才是有疗效的接纳。

另外几个原则比较容易理解。初学者心态指的是正念练习每次都可能有新的洞察，我们要以谦卑的方式感受和听取来自身体及各个感官的信号。正念与 EMDR 及内观有类似的功效，就是让身体放松，脑子放空，心静下来。一个焦灼的人，或者一个遭遇 PTSD 的人，其大脑里装满了很多东西，因此我们的正念就是让大脑放空、沉淀，这一步对之后的治疗非常重要。

五、职业赋能治疗法

研究发现，美国“9·11”事件后，现场救护、维持秩序、善后的工作人员有较高概率罹患替代性的创伤后压力综合征（Luft et al.，2012）；法国的研究报告显示，个体在职场中目睹被欺凌或有被欺凌的经历，罹患 PTSD 的概率明显增加（Niedhammer et al.，2006）。因此，2010 年 PTSD 被国际劳工组织定为职业病的一种（International Labour Organization，ILO，2010）。如前所述，很多职业的从业者可能会出现 PTSD 问题，包括警察、医生，都可能会有一些替代性的 PTSD 反应（Chen et al.，2006）。2020 年以来的新冠疫情后，这类群体可能也是我们需要关注的群体。从 PTSD 的典型症状可以看出，长时间的 PTSD 可能令个体的职业和社会角色失能（APA，2013），因此以职业增能的方式来治疗 PTSD 是非常必要的一种途径，尤其是对那些社会功能还没有完全消退的 PTSD 个体而言。

职业赋能治疗法（Career Empowerment Therapy）往往采用个案管理（Case Management）方法。采用这一方法是因为从生态系统角度来看，个体的社会角色失能不仅需要工作单位督导支持，还需要来自家庭的支持，我们要重视各个支持和资源系统的协作，形成积极正向的合力，支持患者的积极转变和成长。在个案管理中，社工往往充当个案管理者的角色，需要统筹和动员不同的专业力量和资源。如果个案遇到的是结构性的障碍，则个案工作还需要通过对该个案的讨论，将其提升为政策议题，在福利政策的框架内探讨不同资源的协同合作和政策性的扶持等。

职业赋能的治疗要全面评估个体的职业兴趣，细化职业要求中的每个步骤，使其成为PTSD患者可以执行的步骤，令他们所从事的职业慢慢成为PTSD患者日常生活中的身份和程序；咨询师与职业治疗师合作，对PTSD患者进行个案辅导，让患者参与自主选择的、有意义的且有能力完成的职业训练，让他们的社会功能被慢慢唤醒，得以恢复。在个案治疗中，每个人都有一份详细的报告，职业治疗师制定个别化的康复计划，辅以瑜伽、放松等团体活动，运用团体力量使他们相互支持，令患者在日常生活中循序渐进地恢复社会角色和功能。

六、创伤知情照顾

临床心理学家玛克辛·哈里斯（Maxine Harris）和罗杰·法洛特（Roger Fallot）首先使用“创伤知情”（trauma-informed）一词来描述能有效协助有心理创伤的人所需要的组织环境（Harris and Fallot，2001）。美国药物滥用与心理健康服务署（Substance Abuse and Mental Health Services Administration，SAMHSA）在此基础上提出了“创伤知情照顾”（trauma-informed care）概念，以促使参与照顾或治疗有心理创伤个体的组织或机构必须对心理创伤有一定的了解，才能知道如何协助他们应对创伤，或对他们进行适宜的照顾。按照SAMHSA的定义，一个创伤知情型的项目、组织或系统，能对创伤的广泛性影响和潜在的康复途径有深入的了解，能发现客户、家庭、工作人员和系统中的其他人员的创伤迹象及症状，能采取应对措施将创伤的相关知识充分纳入政策、程序和实践之中，并努力积极预防二次创伤的发生。反之，人们如果对创伤毫无经验，就贸然出手相助或照顾他们，反而可能引发当事人的负面反应，包括自残、自伤、攻击他人、逃学、过度依赖酒精或药物，甚至可能助长暴力或贫穷的循环。也就是说，创伤知情模式旨在改变整个组织或环境的文化和操作规范，以免再次伤害寻求援助的人员及在服务环境中工作的员工，这些服务寻求“安全第一”，并承诺“不造成伤害”(Han ct al.，2021)。

创伤知情照顾包括四个要素，即理解（realize）创伤、辨认（recognize）创伤、利用创伤知识做回应（respond）和防止再度受创（resist re-traumatization）(Fallot and Harris，2009)。每一种创伤都是很主观的独特感受，对于许多有创伤经历的儿童来说，每天的生活环境都令他们战战兢兢。要照顾有心理创伤的儿童，接触他们的每个人都要从了解创伤知识开始，理解创伤对儿童可能造成的伤害，而不是简单地鼓励他们放下过去，努力往前走。照顾有心理创伤的儿童的人，如家长、教师、班主任或医疗人员，只有真正理解创伤的影响，家庭、学校或医疗系统才能真正创设有利于他们创伤后成长的环境。比如担负“创伤知情照顾”的学校里的每个人，都需要对创伤有足够的知识储备和敏感性，足够理解创伤对儿童造成的生理、心理、情绪、社会角色和功能，甚至是大脑结构的影响，才能相应地改变学校的教学策略，或改变学校的其他有关政策，以弹性安排教学策略和班级管理方式，建立起让每个有心理创伤的儿童都能感到安全舒适的学习和成长环境。否则，教师不经意间的大声说话、严厉的批评，或者其他同学随便的嬉笑，都可能对创伤中的儿童产生二次伤害，使他们出现过激的情绪反应，甚至出现攻击他人的行为。

在建立创伤知情的组织方面，美国密苏里州发展了一个独特的评估模型，各机构可以根据表 2-4 的指标，对照顾有创伤经历的儿童的机构是否具备创伤知情照顾能力进行评估（Han et al.，2021）。

表 2-4 密苏里“创伤知情照顾”组织或机构评估模型及指标

发展阶段	关键任务	组织进程	指　标
创伤意识阶段	意识和态度	意识培训； 领导支持； 组织思考转型可能出现的影响	员工基本知道什么是创伤； 员工理解创伤的影响； 在一些非正式场合对创伤进行讨论
创伤理解阶段	知识、应用与技能发展	对创伤知情价值观的探索； 组织自我评价； 确定转型的决心； 组建改革的团队； 考察服务对象扮演的角色和承担的责任； 探讨创伤筛查和治疗的方案	在组织使命中增加对创伤的陈述； 全体员工进行培训并获得有关创伤的信息； 员工学习并深化应对创伤的技能； 管理层能对员工的二次创伤做出反应
创伤反应阶段	变革与整合	改革的规划与行动； 环境审查和调整； 审查所有政策和流程； 建立员工支持系统； 发展新项目和新服务	从员工实践中反映出新认知； 从服务语言中反映出价值观； 处理员工创伤的政策到位； 对创伤进行识别和反应的流程到位； 患者在组织中扮演有意义的角色
创伤知情阶段	领导力与可持续性	衡量对患者和员工的影响； 修订政策和流程； 实施更大规模的社区参与； 发展整合创伤信息的决策框架； 在服务购买方和政策决定方之间进行协调及倡导	聘用新的领导，负责创伤应对； 所有员工都熟知创伤知情实践； 机构各方面折射出创伤知情的价值观； 审查项目可持续性的程序到位； 能应对外部机构和社区成员寻求相关的协助

七、PTSD个体治疗中的伦理考量

创伤幸存者是一个独特的群体，他们表现出不同的韧性、创伤后的成长及由此产生的精神障碍。治疗创伤幸存者的心理健康专业人员在与有创伤病史的患者合作时，必须纳入特定的伦理考虑，包括保密、尽量减少对患者隐私的侵犯和获得知情同意。知情同意可确保患者充分了解治疗期间使用的技术和程序、预期的治疗时间表，以及参与特定任务和目标的可能后果。而经历过复杂创伤的患者可能会有意或无意地测试心理咨询师、社工或临床医生的工作界限，比如故意错过预约或迟到，不断表达感激或感谢，希望延长治疗时间，或带礼物给治疗师或医生，要与治疗师拍照留念，或在非约定或非办公时间打电话给治疗师或医生，或不断要求延长电话谈话的时间或疗程。

知情同意书（informed consent form）是治疗师与有创伤经历的患者之间缔结治疗关系时应用的一个有用的工具。在知情同意书中，要清晰界定彼此约定的时间、工作边界、患者与治疗师之间的权责，以及工作的原则等，以界定并维护好安全、可信、清晰的工作关系。工作的原则包括：① 善意、非恶意的原则。对患者的任何情绪或行为，甚至过激的情绪和行为，治疗师或社工应该本着善意和非恶意的原则来应对，并以专业的服务视角来应对其过激行为或情绪之下未被满足的需求。如果患者还有一定的创伤性反应，或者对治疗师或社工表达了自己的观察和担忧，那么无须过度反应，以免形成不必要的扰动或二次创伤。② 以患者为中心，坦诚相待，不要造成二次伤害。③ 诚信、不勉强。治疗师应该本着负责任的态度，评估自己的咨询或治疗能力。如果对创伤了解不足，或心生畏惧，应该坦诚对待自己的情绪，诚实地评估自己的工作能力，必要时做出转介，以免对患者造成不必要的伤害。④ 有足够的风险管理意识。患者都有一定的创伤经历，在开启创伤治疗之前，治疗师要做好充足的身心安全准备。比如，要充分了解患者的创伤事件，建立好引发不同创伤影响程度的阶梯事件，并协助患者了解自己最喜欢的、感觉最安全的心理安全岛。在谈及患者的创伤过往前，治疗师要做好当下的身体放松、心情放松和情绪放松，并与患者做好心理安全岛的心理练习。比如，以微小的创伤事件进行练习，当患者出现创伤反应，包括身体反应、情绪反应或感觉难受时，立即对患者进行心理安慰，大声提醒他，“xx，你在我们的工作室内，你现在很安全，不要害怕”，“想象一下自己的心理安全岛，用意念带自己回到温暖的、安全的、你最喜欢的安全小屋中去”。⑤ 处理移情和反移情。创伤个体在接受心理咨询师、社工或治疗师的情感支持后，容易产生移情，心理咨询师、社工或治疗师应敏锐地把握或预示可能出现的移情，要以健康的、可靠的工作关系，设定好心理边界，并在需要结束前做好心理建设，以免因为结案过于仓促而令患者感觉被抛弃。当患者试图以各种讨好或表演来延续咨询或治疗关系时，心理咨询师、社工或治疗师应该敏锐地感觉到移情的出现，此时应与患者深入回顾治疗关系，重申保密的工作伦理和原则，让工作关系回归正常。

第三讲　如何应对哀伤中的常见不良情绪

刘新宪

在哀伤辅导中，不良情绪的调节极为重要。著名的危机哀伤干预专家帕克斯博士说过，公众危机的情绪疏导是一个极为重要和需要高度关注的问题。伴随丧亲哀伤而来的往往还有其他的不良情绪，常见的有丧失亲人的孤独感、对环境的愤怒攻击、对离去者的愧疚、对未来的焦虑等。下面我们分别探讨如何处置哀伤中这几种常见的不良情绪。

第一节　如何缓解孤独

一、丧亲者的孤独

世界上有两种不同的孤独：第一种孤独是“自我充实”的孤独，这是有选择地为了提升自己而远离社会，如古代有些高僧需要闭关修炼；第二种孤独属于被社会抛弃的无奈的孤独，这容易出现在丧亲、疫情隔离等背景下。

二、造成丧亲者孤独的因素

丧亲者的孤独基本由两个方面的因素造成。

1. 外界因素

(1) 无法得到外界的理解和没有可交流的对象。很多丧亲者会面临这样的困境，即外界无法理解他们。因为丧亲者的痛苦太深，所以人类至今所创造的文明，包括文学、艺术、绘画、电影，不管多么感人，都无法表达出很多丧亲者内心最深层的那种痛苦，人类文明充其量只能表达出冰山一角。当无法得到外界理解时，丧亲者会感到非常孤独。

（2）对陌生世界无所适从。重大丧亲事件，尤其是突发性创伤性丧亲事件发生后，丧亲者感觉以前所熟悉的那个世界全变了，可能会觉得医生变得非常冷漠，周围的亲友看他的眼神、和他说话的态度都变了，自身处于一个陌生的世界中，非常孤独。

（3）社会对哀伤情绪缺乏耐心。社会对哀伤情绪普遍是缺乏耐心的，而且有时候非常苛刻，包括亲友。社会对死亡和哀伤的了解非常有限，导致社会对哀伤情绪的容忍度非常低。鲁迅笔下的祥林嫂所遭遇的一切反映了那个时代的人们对哀伤者的复杂心态，这种心态在今天并没有消失，它依然根深蒂固地存在着，而且往往会以另一种形式表现出来。这一切都会使丧亲者感受到一种被排斥、被抛弃的孤独。

2. 自身情绪/认知因素

（1）被抛弃感。很多丧亲者都有一种非常强烈的感觉——“我被自己的已故亲人、自己的亲友和社会抛弃了”。

（2）触景生情的孤独。丧亲者回到家里，看到已故亲人的各种遗物，会感到苍凉和孤独。

（3）沉浸在自我的哀伤世界里，对一切都没有兴趣。

（4）自卑感。因为自卑，选择自我封闭。

（5）个体的个性因素。个性原本比较孤僻，丧亲后更容易感到孤独。

（6）人群中的孤独。丧亲者虽然身处热闹的人群中，但心不在焉，情绪也无法融入其中，只是待在自己孤独的世界里。

古希腊哲学家亚里士多德（Aristotle）曾说过：“谁都会承认，人是一种社会性的动物。不说别的，单说丧亲者不喜欢过孤独的生活，而喜欢生活在比丧亲者自己的家庭更大的群体之中，就使我们看到了这一点。一个人的禁闭会成为施加于他最严厉的一种惩罚。”

2017 年，美国心理学会在第 125 届年会上提到，在这个社会中与他人保持正常联系是人类的基本需求，它对幸福和生存至关重要。大量医学研究显示，长期的孤独可以致命。

三、缓解孤独的建议

1. 丧亲初期

丧亲初期是最艰难的时期，丧亲者往往有强烈的被抛弃感和孤独感。

可供参考的建议如下：

第一，社工和其他心理健康工作者要帮助丧亲者与外界保持联系。确保有人陪伴并聆听丧亲者的倾诉，了解他们的迫切需求，保障他们的基本生活、健康和安全；尽量让亲属站在关怀第一线。

第二，社工和其他心理健康工作者应尽可能提供“工具型”的支持，帮助丧亲者解决一些具体困难，建立信任，适当地给丧亲者及其亲友提供一些哀伤疗愈心理科普信息。

第三，寻找同质互助群体的协同帮助。丧亲初期的孤独感尤为痛苦，同质互助有助于缓解孤独，比如失独父母的“同命人”群体的互助。对失独父母来说，北京尚善公益基金会的失独父母互助模式是一种有意义的参考模式，他们培训失独父母志愿者为“同命人”提供电话陪谈等帮助。

2. 丧亲超过半年

很长时间过去了，丧亲者还是感到十分孤独，不愿与社会接触。这时就要考虑丧亲者是否有认知方面的困惑或其他因素。

（1）自卑感。在中国文化中，死亡往往被看作很晦气的事，所以丧亲者常有一种自卑感，不愿意跟人接触。

（2）觉得自己是异类的苦命人。“为什么巨大的不幸降临到我一个人身上，而其他人都活得好好的?”这是一种自我标签为异类的孤独。针对这种认知，我们需要告诉丧亲者，实际上，在孤独和痛苦的隧道里不是只有他一个人，还有其他丧亲者正与他同行。

（3）对世界和他人的不信任。这是一种常见现象，其根源在于社会对丧亲者的不理解，以及丧亲者对这个世界缺乏安全感。

（4）病理性问题。比如延长哀伤障碍、抑郁症、PTSD、焦虑症。新冠疫情后，有人可能会出现“广场恐惧症”，也就是不敢到人多的地方去，或存在社交恐惧症。若孤独一直持续下去，就会损伤个体的社交功能，还会转变成心理障碍。这时就需要精神科医师的介入。

3．关于缓解孤独情绪的建议

（1）做自己感兴趣的事。循序渐进，一点点前行，不断尝试新的事物。

（2）去人多的地方。如逛街、去商场或公园。

（3）饲养适合自己的宠物。饲养小狗、小猫，它们也许能使丧亲者展露笑颜。

（4）不要把时间放在会使自己心情变糟的人身上。可能有亲人、旧友会回避丧亲者，甚至说出伤人的话，不要把时间放在他们身上，该终断的关系就终断。

（5）尝试去帮助别人。助人其实就是最大的助己。

（6）不要过度忙碌。过度忙碌会使丧亲者无暇消化哀伤。

（7）参加社交活动。比如与朋友一起玩。

（8）至少保持与外界的网络联系。比如和自己熟悉的人保持微信、QQ 或者电子邮件联系，时常查看和发送短信给家人或朋友。

（9）学习重新与人接触。在街上，遇见熟人要敢于进行目光接触；在心情和情绪允许的情况下，主动向熟悉的人打招呼。

第二节　如何缓解愤怒

一、愤怒是人的一种本能

愤怒会使人激发起强烈的情绪和行为来保护自己、捍卫正义。它在一定程度上是人类生存所必需的情绪，很多时候，愤怒为生命提供了一种热情。

二、丧亲者愤怒的原因

（1）合理的愤怒。例如，车祸、人为错误。比如连环车祸造成了很大的生命财产损失，这种愤怒通常是合理、自然和正常的。

（2）不合理的愤怒。比如有些人因病治不好而责怪医生，甚至伤害医生，这就是不合理的。

（3）有意识地转移哀伤情绪。愤怒往往有助于压制恐惧、内疚、渴望、沮丧或绝望等痛苦的哀伤反应，因为它使内心崩溃的丧亲者体验到一种“控制感”。

（4）降低无助感。愤怒会使人感觉自身还保有控制感，控制感可以降低令人痛苦的无助感。

三、如何帮助丧亲者缓解愤怒

1. 宣泄愤怒

宣泄愤怒有两种方法。一种是理性宣泄，另一种是非理性宣泄。

理性宣泄就是个体采用正常诉求，审时度势，适可而止，能够把握好一个度，不是得理不饶人。非理性宣泄则是个体感觉受到一种不可控的愤怒情绪的支配，此时愤怒就会变得非常具有破坏性。非理性的宣泄会给个体带来危害，比如失去社会的支持，导致婚姻破裂，无法与同事共事，甚至触犯法律等。非理性宣泄可能会伤害别人，同时也可能会伤害自己。

因此，调整认知对于采用合适的方法宣泄愤怒尤为重要。在丧亲早期，亲友应尽量与丧亲者保持沟通，帮助丧亲者考虑自己的愤怒是否合理。因为愤怒和关于“应该”的认知有关。当丧亲者认为“应该”发生的事没有发生时，便会愤怒。但这个“应该”是不是真的“应该”呢？有些人愤怒，是因为很多时候正常的公平没有得到实现，从而感到受伤害和愤怒。这时，我们需要用理性的态度来考虑如何处理这些不公，并且思考过度的愤怒是否由哀伤所驱使。

2. 控制愤怒情绪的技巧

（1）思维刹车法。在自己的愤怒情绪很强烈时，有意识地让自己的思维停下来。

（2）交流表达。人们不可能每时每刻都处于愤怒状态，总会有平静的时候，平静时可以把有关愤怒的想法与合适的对象进行交流沟通，听取反馈。

（3）运动。如果个体感到被愤怒的情绪所控制，可以快步走路或者跑步，运动有助于减轻压力，稳定情绪。

（4）宽恕。宽恕具有强大的情绪调节力量，能帮助自己原谅他人，使自己平静下来。

（5）用幽默帮助化解愤怒。幽默是一种健康的表达愤怒的方式，有助于改变不切实际的期望。但是应避免讽刺，因为这会伤害他人。

（6）练习放松技巧。比如深呼吸，想象一个轻松的场景，或重复一个平静的单词或短语，专注于肌肉的自我放松，也可以听音乐，或者写一些东西。

（7）合适的表达方式。哀伤时的愤怒是正常的，也是可以理解的，但我们必须用安全合适的方法来表达。

（8）及时寻求帮助。当个体发现自己的愤怒趋于失控时，应及时寻求帮助。

（9）社会工作者和其他心理健康工作者要意识到自己的局限性。特别是面对疫情中的创伤性丧亲者，每个关怀者都应该意识到自己的局限性，警惕“同情疲劳”。

第三节　如何缓解愧疚

一、丧亲者的愧疚

愧疚与懊悔不同。愧疚是个体觉得亲人的离去与自己直接或间接相关，懊悔则是个体觉得自己没有做什么而无法弥补遗憾。相对于懊悔，持续而强烈的愧疚更容易引发延长哀伤障碍。

愧疚也是哀伤的主要反应之一。笔者曾经访谈过一些失独父母，那些长期生活在愧疚中的失独父母普遍存在身心状况不佳的问题。疫情防控期间，有一个孩子的父亲外出给他买爱吃的熟食，没有戴口罩，结果染病去世了，这个孩子很可能会有非常强烈的愧疚感。疫情防控结束后，我们发现很多丧亲者有强烈的愧疚感，比如因为曾经无法为已故亲人及时找到医院，或无法用传统的仪式向已故亲人做最后的道别、道歉、道谢。所以帮助丧亲者处理好愧疚情绪，是社会工作者和其他心理健康工作者的一项重要任务。

二、 丧亲者的七种常见愧疚类型

（1）因果型愧疚。丧亲者把责任归结在自己身上，认为亲人的死亡与他没做好某件事有关。

（2）角色型愧疚。这种愧疚源于人们相信自己可以在自身角色中发挥更大的作用以避免悲剧的发生，但这通常只是一种幻想。

（3）道德型愧疚。丧亲者认为自己道德上有问题，所以受到了上天的惩罚。

（4）哀伤型愧疚。丧亲者认为自己没有处理好哀伤情绪，所以影响了别人，让别人也感到痛苦，为此而感到愧疚。

（5）恢复型愧疚。因为自己有愉快的感受而感到对不起逝者所产生的愧疚。比如电影《唐山大地震》中的那位母亲，别人都搬到新楼房里去住，但她依然住在一个小破棚里，后来她的女儿回来看她，问她为什么这样，那位母亲说，我因为当初放弃你而感到愧疚，所以不能住到新楼房里去。这就是很典型的恢复型愧疚。

（6）幸存者愧疚。这种愧疚的典型想法是“死去的应该是我，不应该是他”。这类愧疚多发生在老年群体中。

（7）传统观念型愧疚。上述六种愧疚是西方学者的总结，中国的文化传统使我们还有自己的特殊情况，那就是“传统观念型愧疚”。中国有句俗语，“不孝有三，无后为大”。对于中国人来说，如果没有孩子，特别是对于有过孩子又失去孩子的失独父母来说，往往会产生愧疚。因为文化因素的影响，中国的失独父母往往会比其他国家的失独父母多一层愧疚心理。

综上所述，不同丧亲者的愧疚种类通常是不同的，当我们帮助丧亲者调整其愧疚感时，要知晓它属于哪一类愧疚，才能有的放矢地开展工作。

三、关于愧疚的认知问题

愧疚是正常的哀伤反应，但若深陷其中，就会影响和妨碍丧亲者的哀伤疗愈。愧疚背后通常存在着认知层面的问题。比如，父母的责任是抚养和照顾孩子，但在实际生活中，父母并没有那么强大的控制能力可以时时处处保护好自己的子女，尤其是面对人力所不能控制的天灾人祸。所以很多人的愧疚是在认知上把自己的责任和自己实际拥有的控制能力混淆了。此外，有些人会把保护家人看作一种天职，丧亲事件发生后，丧亲者会觉得自己没有尽到职责，从而产生愧疚感。

四、缓解愧疚的建议

首先，寻找合适的亲友交流。与对方谈论自己的想法，聆听他们的意见，不要将愧疚压在心里。

其次，参加一个适合自己的同质互助群体。同质互助群体很可能会给自己提供一些应对愧疚的办法。

最后，审视和调整自己的认知问题，宽恕自己。宽恕和感恩一样，可以使人平静。

丧亲者应该明白，放下愧疚并不代表放下对逝者的爱。即使有时真的是因为自己的错误导致了事故发生，也要学会原谅自己，认识到自己的主观不是有意的，并从错误中吸取教训。要从“应该”与“不应该”的死胡同中走出来。不管发生了什么事，我们都无法改变过去，我们应该思考能从过去发生的事中学会什么，今后应如何做。应思考心中的愧疚是什么，为什么要自责，它是否合理，自己对自己的期望是否合理等。

当社会工作者和其他心理健康工作者给丧亲者提供心理辅导时，可以建议他们思考以下几个问题：

(1) 您并没有伤害已故亲人的动机；

(2) 您所做的很多事是出于您的爱；

(3) 您没有能力控制自己能力以外的事。

还有一些建议，比如：想象自己和已故的亲人对话，问逝者是否希望自己在痛苦中度日；写日记和随笔；考虑一下人们说什么话会让自己感到愧疚，自己又该如何应对；考虑一下把自己的愧疚放在一边，看自己会有什么感觉；想象一下，如果自己最要好的朋友有和自己同样的愧疚感，自己会对他说什么；当进行自我惩罚时，想一下这对自己的家人及关心自己的人会有什么样的影响；每当自己开始感到愧疚时，试着把注意力放在自己和已故亲人以往的美好回忆中；寻找适当的方法，将愧疚感转变成一种积极的因素。最后，如果自己长期无法从愧疚中走出来，应寻求专业人士的帮助。

第四节　如何缓解焦虑

一、丧亲者出现焦虑的原因

丧亲者的焦虑和一般人的焦虑不同。第一，丧亲者之所以会焦虑，主要是因为丧亲事件发生后，丧亲者失去往日所拥有的控制感和安全感，会强烈感觉到生命和生活的不可预测性。第二，因对二次伤害担心而焦虑，比如就业、婚姻、健康，特别是未来的情感寄托等。第三，社会对哀伤没有那么宽容。

二、哀伤中的焦虑症状

焦虑是哀伤反应中最主要的症状之一。焦虑可以表现为紧张、烦躁易怒、呼吸急促、胃肠道紊乱等。焦虑症容易引发延长哀伤障碍，而延长哀伤障碍患者也容易罹患焦虑症，这两种疾病常常共病。

哀伤中的焦虑还有一个明显症状，即对未知的生活和工作缺乏耐心。笔者曾接触过一个失去母亲的儿童案例。那个孩子有很强的焦虑症状，家人如果提前告诉孩子几天后要去某地旅行，因为要去的地方对孩子来说是未知的，孩子一连几天都会缠着大人不停地问，那是什么地方，我们到那里去干什么等，甚至无法正常入睡。后来那个孩子的家人再出去旅游时，就不会提前告诉孩子了，而是等到达目的地后才告诉他。这是一种正确的处理方式。对于儿童青少年的哀伤疗愈而言，家长应注意使孩子过上有规律的生活，一切按部就班。

三、缓解焦虑的建议

著名焦虑和哀伤研究学者史密斯（Smith）博士为丧亲者提出过十条建议。

（1）学习关于哀伤和焦虑的科普知识。焦虑是大脑对令人恐惧的事件的反应。死亡会自然引发人的恐惧感，并使人紧张和焦虑，焦虑是正常的哀伤反应。

（2）审视自己应对哀伤的过程。我们是否因为恐惧或难以忍受痛苦而避免去感受某些情绪，或刻意回避某些记忆。如果是这样，就先解决这类问题。

（3）寻求宽恕。长期陷入哀伤和焦虑的原因之一，是我们感到没有做好本该会令已故亲人高兴的事，并对此有愧疚感。其实寻求宽恕永远不会太晚，即使亲人已经离世，我们仍要先学会宽恕自己。

（4）提升抗挫力。积极寻求新的健康的生活方式。不要以为那样做就意味着放下我们所爱的人。我们永远无法挽回失去亲人的损失，但我们依然可以保留我们的爱，并重建有意义的生活。

(5) 写出焦虑。把内心的焦虑写出来，写下自己的感受和想法，作为释放的出口。

(6) 梳理自己的想法。认知行为疗法有助于处理与哀伤相关的焦虑。通过审视认知中的问题，有助于找到适当的方法，来缓解在我们头脑中重复出现的痛苦想法。这是管理焦虑的关键。

(7) 冥想。冥想是应对焦虑的最有效的方法之一。冥想可以将自己从压力中解放出来，并使自己沉浸在此刻，使焦虑顿时减缓。

(8) 建立健康的持续性联结关系。即与已故亲人建立起内在的积极的精神联结，这是哀伤疗愈缓解焦虑的重要任务。

(9) 思考生命的核心。想象一下，如果自己现在已走到生命的终点，什么是最重要的。

(10) 防止自我孤独。哀伤本身是一次孤独的旅行，但在孤独的哀伤之旅中，我们可以伸出求助之手，在同质互助小组中，在一对一的治疗中或在亲友的帮助下，得到有力的社会支持。

正如后悔不能改变过去，一味焦虑也不可能让未来变得更好，只有处理好当下才是至关重要的事。

第四讲　幽谷伴行：我们如何陪伴哀伤者

吕静淑①

我们究竟要怎样陪伴哀伤的人？哀伤者需要什么样的陪伴者？希望大家用心来感受。当我们的感受能够启动时，聆听时会更加贴近哀伤者。

第一节　创伤陪伴的现场

以下有五个案例，请大家看看这些文字和话语是否触动了你？或者你的心里又激荡出什么？

案例一：

案主女，22 岁时，她的父亲在家里的顶楼自杀了。

这个女孩隔了几天来到我面前，她用一种刻意压抑的声调说了第一句话："我其实从来都不知道我爸爸原来有抑郁的问题。"当女孩讲出这句话时，她的内心充满自责，因为她觉得爸爸在家时没有得到她的关心，而她就是那个不关心爸爸的女儿。后来女孩又说："每次我回到家的时候，我都会幻想他在楼上等我，甚至我可以跑上去骂他，问清楚他到底怎么了，他到底怎么回事，他为什么要这么做!"女孩这些话的背后有着复杂的情绪，无论是对父亲，还是对她自己。女孩又说："其实我每天都不想回家，下课后我也不想回家，可是我知道我必须回去，因为妈妈和弟弟需要我。"女孩继续说着，一直到谈话的最后，女孩说："不要再

① 南通大学行政管理系讲师。

跟我说话了，我怕你再跟我说话，我会忍不住哭出来。”

大概五六年后，我再次遇到这个女孩，问她过得好吗。女孩似笑非笑地说：“这应该怎么说呢？还是会笑，毕竟这个世界也没有坍塌，对不对？你知道皮笑肉不笑吗，就是你虽然在笑，可是你觉得笑好像跟你的心是分开的。不过有时候有人可以说一说话其实还挺好的。有人能跟我聊一聊，谈谈我最近的情况或者我的生活过得怎么样，其实还是挺不错的，但是这种事情我也不强求，能说也好，不能说其实也 OK。坦白地讲，我常常觉得我爸爸还在，他只是有时候出去跟朋友聊天，然后聊得比较晚，所以他回家的时间没有办法跟我碰上。”

案例二：

案主女，她的母亲在她 20 岁那年自杀了。女孩的母亲长期被抑郁症所困，经常尝试用不同的方式自杀。那天回到家后，女孩看到母亲已经没有了呼吸，女孩非常熟练地，好像已经演练过无数次一样，打电话找人来帮忙。隔天她来到我的办公室，她开口就说：“老师，我不想谈，我觉得我也不需要谈，我可以走了吗？”这是我与案主在其母亲过世后的第一次谈话。

再次跟她谈到她母亲的事竟然是在七年之后。在简短的交谈中，她告诉我，事情发生后她搬去跟爸爸住，两个人再也没有提过妈妈，那种感觉就仿佛妈妈从来没有存在过一样。对于妈妈最后选择以自杀的方式离开，她并不怪她，因为她知道妈妈很辛苦，也很痛苦。虽然跟父亲之间从不谈论妈妈，但她还是会想起妈妈，而且只敢想一下，就像把自己感觉的水龙头关起来一样，只是偶尔还会漏水。

然后女孩又提到很多年前的那次谈话。她说：“你知道吗？我要压抑克制，不跟你谈话其实有一点难，我不想谈的原因是当时我心里有一种非常鲜明的感受跟想法——其实我松了一口气，因为我真的不用再担心回到家后会看到什么了。可是我知道，如果我当时说出这样的话，大概你们很多人都会觉得我很冷血。所以与其被误解，不如不要说，这就是我当时的想法。”

曾经不止一次，案主遇到一些重大创伤事件后跟我们说的第一句话就是：“我一点都不想跟你谈，而且我觉得你们很讨厌，你们为什么一直来找我。”可是我们要明白，在陪伴的过程中，当一个人这样说时，他不是在拒绝我们，有时候他们不想谈只是指此时此刻不想谈，不表示以后不想谈。后文我会讲怎样面对案主的拒绝。

案例三：

第三个案例的案主也是一个女孩，不同的是，这位案主的母亲是在长期生病后离开的，所以在母亲生病过世之前，她们有非常长的相处时间，甚至有很多对话，还做了很好的告别。母亲离开后，这位案主告诉我：“你放心，我从 8 岁起就开始照顾我妈妈了，你一定没有办法想象，我半夜必须叫救护车陪着妈妈去医院，那时候的我有多么无助，可是我都走过来了。所以我比你想象的更坚强。妈妈这么辛苦，我们都要放手，所以你放心，我早就有心理准备。”虽然这个案主讲得很清楚，让我们放心，可是不出所料，大概一个月后，也就是所有后续丧事全部处理完，她要回归自己的生活的时候，案主开始出现抑郁情绪，甚至出现自伤行为，最终她被诊断为重度抑郁。

在往后的两三年时间里，案主不停地往返于医院和家，因为她不停地伤害自己。甚至她曾经笑着跟我说："你知道我那一刀为什么要落在我的肚皮上吗？因为我实在找不到身上有其他地方可以让我再割下去了。"曾经她有一个伤口甚至缝了108针。她说："很多人都说我在自杀，其实我并不是想死，我想继续好好活下去，只是有时候整个人就是不舒服，我整天都很难受，难受到我什么都没办法想。所以我觉得至少刀子落下的那一刻，我还有些感觉。"那段时间，案主经常过着一种搞不清楚自己是谁的生活，她说："我都分不清哪个是我了，我其实会抽烟，会喝酒，有些人因此觉得我根本就是在自毁前程，最后他们就不理我了。反正也无所谓。"

过了大概两年，我又遇到这位案主，她告诉我："我觉得自己好像应该把妈妈的事业继续做下去，可是我的心空空的，不知道该怎么做。我也不知道自己现在看起来好像还不错的样子到底可以维持多久，反正到时候再说。你放心，我会再找你聊天的。如果我真的过得不好，就会找你的。"

案例四：

这位案主的年纪稍长一些，我们遇到他时，他的父母已经离开了16年。在他18岁那年，他的父母外出工作，因为车祸去世，都没来得及告别。他回想18岁时的自己，说："我有好长一段时间不敢打开我家的冰箱，因为那时是夏天，妈妈出门之前正在吃西瓜，爸爸催促她，所以她的西瓜还没有吃完就放回了冰箱里。我一直不敢打开冰箱，因为我怕看到没有吃完的那块西瓜。在那之后，家里的大人都不让我参加葬礼，我知道他们是在保护我，可是我已经 18 岁了。我到现在还是很生气，但我又能怎么样呢？现在回想起来，16 年前的自己就特别独立，因为我知道我只能靠自己。现在我 34 岁了，我的人生哲学就是凡事不要太认真，因为最后伤害的是自己。”

这位男士又说：“有人说我的情绪很稳定，但这样的稳定其实是很多伤痛换来的。而且我觉得这样说的人真的不了解我，我的情绪其实不是很稳定，我只是刻意地把自己的情绪放在一定的维度之内，不要太高兴，也不要太悲伤。因为我觉得太高兴或是太幸福的日子，可能会被老天爷嫉妒。假如我太悲伤了，我就觉得太假了。可能正是因为这样，所以我特别知道怎么生存。”

案例五：

案主是个 19 岁的女孩，她的妈妈因为罹患精神分裂，并且有幻听的情况，最后自杀了。女孩回想起母亲自杀的那一天，她说，那天她出门前，妈妈跟她说：“组织一直通过电视监听我，看着我。你赶快去检查一下他们是不是正在这样做。”当时她急着出门，只是回了一句：“你是不是发神经，又忘记吃药了？”然后她就出门了，结果没想到妈妈在那天走了。虽然她的外婆没有怪她，但是女孩非常自责。她说事情发生后，阿姨跟外婆都希望她暂时不要住到那个房子里去，因为那里有太多妈妈的影子，可她还是选择继续住在那里，因为她不想给大家添麻烦。过了大概半年，这个女孩说：“我其实还是不太敢进我妈妈的房间，我常常会盯着她的房间发呆，觉得好像只要我多看几眼，那扇门就会再打开。有时候我一个人坐在沙发上，看着那扇门的时候就会傻笑，其实也不是傻笑，是因为我会想起她以前跟我说的笑话，还有我们一起住在国外的那段时间，坦白讲，那个时候我妈妈真的好迷人。”

很多年后，这个女孩告诉我说：“你知道吗？我以前是很讨厌动物的人，但是现在我竟然养了两只猫。更好笑的是我的工作其实不太稳定，我自己都常常吃不饱，我竟然还养了两只猫，我真是服了我自己。我每年都会带着外婆一起搭车去庙里看妈妈，我会把这两只猫带去给她看，然后顺便跟她讲，希望她下辈子不要那么辛苦，愿她来生幸福。”

第二节 哀伤的表现

在这五个案例中，我们看到哀伤有很多不同的面貌。哀伤到底会以什么方式表现出来呢？有时哀伤会在我们的情绪上表现出来，有时哀伤会在我们的身体上反映出来。总之，哀伤的表现有时在情绪上，有时在行为上。

第一，感受部分，哀伤者除了难过之外，还可能会生气，有罪恶感、自责，或者莫名其妙地焦虑，或是无力和疲倦。

第二，身体方面，哀伤者可能会出现胸口闷、喉咙很紧的症状，或者对声音特别敏感，觉得全身乏力，甚至觉得好像感觉不到周遭的人和事物，他的感觉正在消失。

第三，认知方面，哀伤者可能会出现思绪混乱的情况，或者有短暂的幻觉，甚至觉得过世的人并没有离开，他一直都活着，只是大家搞错了。

第四，行为方面，大部分哀伤者在行为上也有一些反应，例如有睡眠困扰、社交退缩现象，或者看起来失魂落魄，又或是他会不停地活动。

我们经常会听到一些哀伤者的家属说："我早就告诉他不要再做家务了，但他一直在擦地板，已经擦了那么多次了，不知道他在擦什么。"其实这是哀伤的行为表现。所以哀伤的表现方式有时跟我们想象的样子不太一样，更多的时候，哀伤的面貌是多样的。

为什么要讲到哀伤的面貌？为什么要让大家知道哀伤的面貌是多样的？这其实是提醒大家：

首先，哀伤本身并不是问题。当我们遇到哀伤情况时，不要急着去解决"问题"，因为着急解决会让我们看不清哀伤者的需求。

其次，失落与哀伤一样，它不是病，所以不能被"治愈"，因为造成哀伤的事件已经存在，我们要学习的是将哀伤以某种方式携带在生命中，赋予其不同的意义。

最后，哀伤需要一个空间，一个让痛苦可以被看见、被接纳的空间。人们应该明白，其实有时对哀伤者的陪伴并不是急着去赶走哀伤或是解决问题。

当然还有很多其他因素会影响哀伤的面貌，例如去世的人跟哀伤者的关系如何？这件事到底是可预期的，还是突然发生的？当事人是否有宗教信仰？我们也看到，哀伤在不同的发展阶段会呈现出不同的面貌。

在陪伴的过程中，我们需要在哀伤的不同阶段做不同的事情。哀伤的发展阶段很难清楚地界定，并没有一个非常明确的指标告诉我们哀伤者已经进入所谓哀伤中期或哀伤晚期，而是需要我们对哀伤者的调适情况进行分辨，逐渐调整陪伴重点。

（1）哀伤初期。陪伴者要做的是情绪调节，更多的时候哀伤者需要的是被倾听、被认同。根据前文所述，我们需要准备一个足够安全的、能够让哀伤者表达哀伤的空间。

（2）哀伤中期。这一阶段，我们可以从哀伤者的陈述中看出其情绪已经得到了一定的梳理，生活也回到日常轨道中。这个时候，哀伤者的倾诉欲可能比较旺盛，所以我们要做的事就是陪着他去回忆，当好故事的听众，进入他的故事里，然后去维持。要让哀伤者明白，我们很乐意听他的故事，并且在这个故事中，我们与他有相同的感受。在回忆的过程中，倾听甚至可以帮助哀伤者跟逝去的人有一些想象对话的空间。

（3）哀伤晚期。对于哀伤者来讲，这一阶段他要探寻的问题是"现在的我到底是谁?"，这句话的背后有一个意涵——在赋予哀伤意义后重新出发的意涵。所以，哀伤晚期的工作重点是重新出发。

第三节　陪伴的意义

什么是陪伴？陪伴是一个助人的过程。

陪伴是我们在助人过程中的一种行走的方式。这个行走的方式充满奥妙，因为在行走的过程中，我们要关注被陪伴者的感受、想法，甚至要去理解其行动背后的意义，所以这个行走的过程是一种同行。我记得在本科学习的时候，我的一位老师在课上做了一个比喻，这个比喻深深地影响了我。他说："我们在做助人工作的时候，永远不要走得比你的服务对象还要快。你要记得，既然叫作陪伴，叫作同行，那就不是你在前面带他走，而是他走一步你跟着走一步，他如果决定欣赏眼前的风景，你就陪他多看几眼。"所以在陪伴的过程中，我们要理解被陪伴者的感受和状态。

一、同行是为了激荡、滋养更多的关爱、真诚和理解

当我们给被陪伴者提供了一个安全的空间，让他能够放心地把自

己的情绪抒发出来，把想法说出来时，在对话的过程中，他就能更多地感受到被在乎、被理解。同行提供了蕴含营养的土壤，又孕育了更多的关爱、真诚与理解。

二、避免分析、评论、说教及不必要的劝说

这些所谓劝说与非专业的路人所言没有什么区别，可能并不会让被陪伴者感觉被理解，甚至会让他们觉得反感，因此助人者与被助者之间无法建立有效的专业关系，进而无法实现对哀伤者真正的帮助。

三、陪伴前的预备：先准备好自己

我们必须承认和明白的一件事是，陪伴是非常消耗情绪能量的。也就是说，当我们到陪伴现场陪伴一个人，听他诉说，在陪伴的过程中，我们好像没有做任何事情，但我们的情绪是随之消耗的。很多陪伴者在陪伴之后，回到家里，通常什么话都不想说，因为自己的情绪能量被消耗了，所以时常会感觉疲惫。我们必须有一个心理准备，就是承认生命的有限。什么叫生命的有限？就是我们没有办法改变很多事情。生命中苦痛的存在是必然的，甚至是无法改变的。有了这个意识，会让我们进入陪伴后抱持"不强求"的心态。

四、陪伴的界限

陪伴者与被陪伴者之间界限的把握是陪伴过程中非常重要的、维持平衡的关键因素之一。之所以会发生界限问题，往往都是因为所谓人际幻象。人际幻象由心理学上的移情和投射两种效应所致。移情就是一个人把自己内在压抑的一些复杂情绪强加在另外一段关系上。投射就是以我们自己的感觉和想法去推敲别人的感觉与想法，尤其是不

好的想法。例如，在陪伴的过程中，陪伴者觉得这样的事情太痛苦了，没有人可以承受，所以他现在正陪伴的这个人也一定痛苦得无法承受。人际幻象提醒我们，在陪伴中要注意维持同理与幻象之间的平衡，把握好自己与他人的距离。这个距离的拿捏对很多人来讲并不容易：若距离太远，好像陪伴者漠不关心；若距离太近，陪伴者也怕自己被影响太深。

五、尊重每个人的主体性

我们需要理解彼此的不同，避免把自己的想法强加在对方身上，因为每个人所经历的伤痛是不一样的，他的痛跟你的痛不见得能够相提并论，即便大家经历过的事情听起来很像。

助人者（陪伴者）要对陪伴中可能出现的以下迷思保持警觉：

（1）倾听者不是拯救者。除非被陪伴者自愿或者主动结束，否则我们绝对不能停，这是第一个迷思。一些志愿者或参与陪伴工作的人可能会觉得，是对方不让我走，对方都没有让我不陪他，这个时候我如果离开，是不是表示我很糟糕，不够称职？请记得，我们不是拯救者，陪伴者要量力而行。

（2）发展健康的陪伴关系。我们总会听到一些做陪伴工作的人说，对方24小时需要他，半夜也要有人倾听，他就必须听对方说话，最后把自己搞得身心疲惫。所以我们要特别留意，当我们开始陪伴的时候，我们要进入的是一段健康的陪伴关系。

（3）陪伴者的定位。不论何时何地，我们都要符合陪伴者的角色定位，这一点与上文第二个迷思相关。也就是说，我们要明确自己的定位，知道自己在一个什么样的位置上做陪伴工作。

（4）维护主体意识与自由意识。陪伴过后，有些陪伴者会认为，只要我花时间陪伴他、关心他，他就应该知道我关心他，就应该照着我的期待走。事实并非如此，被陪伴者有自己的自由意识。

（5）为彼此保留一些空间。有些陪伴者认为，陪伴就是我什么都不能做，只能陪着。其实不然，陪伴在哀伤的历程中是非常关键和重要的，只不过我们在陪伴的时候，要为彼此保留一些空间，不必强求自己一定要做什么具体的事情，也不要觉得自己只是坐在旁边好像没有任何作为。

（6）让被陪伴者重新点燃生命的火光。有些陪伴者可能会认为自己是生命的教导者，经历过一些生命的历练，然后用自己的经验来教导或者分享，他希望被陪伴者听到他的经验之后就能够学习。在此我们要回到前文所说的部分，即我们要做的不是让被陪伴者模仿我们怎么做，我们要做的是理解与接纳，让被陪伴者重新点燃属于他自己的生命火光。

基于以上对陪伴迷思的反思，在陪伴时，我们一定要提醒自己，有些话最好不要说，否则会“踩雷”。比如对丧偶/丧子的被陪伴者说：“反正你们感情也不好，他现在走了，不是正好解决了一个麻烦。”或者对他们说：“孩子没了，就不会有人来跟你讨债了。”“你想想你妈妈，她不会想看到自己的儿子这么软弱的样子，所以你不要再哭了，赶快振作起来！”甚至有人会说：“难过不能当饭吃，对不对？人死不能复生，你干吗难过？”还有，不少人会经常顺口说一句：“加油，一切都会好起来的。”其实在开展陪伴工作时，我们要特别注意类似于“加油”的话，有时候，这些话会特别沉重，因为哀伤者在初期是非常无力的，我们能够提供的帮助也极其有限。所以如果要求一个没有力气的人去用力加油，其实是一件很残忍的事。

另外，“我说这些都是为你好”“你的难过我懂”，说这样的话需要格外小心。每个人的哀伤都不同，有时候我们认为自己懂，其实我们并不懂，也不一定能够理解。除此之外，类似“这么多人跟你一样，别人都可以面对，你一定也可以”“日子还要过，孩子还小，你不要让孩子看到你在哭，否则孩子会很难过”这样的话语，会使被陪伴者的哀伤情绪没有一个健康、安全的空间得以释放。所以我不建议大家为了安抚哀伤者而说出上述话语。这些话语不仅可能无法为被陪伴者“加油”，甚至可能导致对方的自我伤害，如自责“我为什么还不能站起来”等。

第四节　不同哀伤阶段的陪伴重点与技巧

一、哀伤初期：倾听与涵容

哀伤初期，让被陪伴者觉得有人愿意听他说话是非常重要的。比如案例一中，案主在哀伤初期表示“我其实从来都不知道我爸爸原来有抑郁的问题”时，大家要注意，千万不要问她“你怎么会没有发现”之类的问题，尤其是在案主已经产生了自责心理的情况下。在哀伤初期，我们可以做的事情就是倾听与陪伴，如果被陪伴者做了一些一时之间我们无法用言语迅速回应的表达时，我们可以用肢体语言、表情神态等向被陪伴者传递“我在听”的信息。我们要适时地给出反馈，无论是点头还是一个眼神，目的都是让被陪伴者知道有人在陪伴他。后来这位案主表示：“其实我每天都不想回家，下课后我也不想回家，可是我知道我必须回去，因为妈妈和弟弟需要我。”对此，我的回应是：“我真的觉得你好爱你的家人，你自己也很难过，但还想着怎么照顾妈妈跟弟弟。”当案主说“不要再跟我说话了，我怕你再跟我说话，我会忍不住哭出来”，我的回应是“好，我不多说。不过当你的眼泪想要流出来时，你有没有想过，它其实是在提醒你，不要忘了照顾自己。无论是你妈妈、弟弟还是你，都同样重要，你们每一个人都很重要”。所以面对这种情况，我们可以提醒被陪伴者，即使在哀伤情绪里，也不要忘记自己，自己也同样非常重要。

第二个案例的案主与社工会谈时依然是在哀伤初期。这位案主刚开始好像是在拒绝我们，她说，“我不想谈，我觉得我也不需要谈”。其实她并不是在拒绝我们的帮助。这时候，我们的回应要更多地着重于让案主知道有人愿意倾听。面对案主说的那句话，我当时是这样回应的：“如果能够听你说几句话，我可能会比较安心，不过，这是我自己要面对的情况。”其实这句话是在暗示与提醒被陪伴者，今后她会遇到很多人，他们也会担心她，并且可能因为担心她而对她有一些情绪，甚至在她面前表现出焦虑和生气，可这些都是陪伴者需要面对和解决的问题，不是她的问题。所以这句话是想表露这样一个信息：虽然我很担心你，可是这种情绪是我自己要去面对并处理的。然后我接着回应道：“我只是希望你知道一点，这段时间你绝对可以决定说什么、什么时候说，甚至什么都不说也没有关系。就像走路一样，你可以往前大步走、小步走，或者停在原地，都由你来决定。可是你要记住一件事，就是当你转过身来，想说话的时候，我在这里。”这样的回应除了向被陪伴者提供“这里有一位随时准备好与你谈话的人”的信息以外，也是告诉被陪伴者，目前身边的人的焦虑、担心等情绪都不是她现在需要顾虑的，她真正要考虑的是从情绪中走出来并照顾自己，而且明白自己拥有决定说什么、何时说的权利。

综上所述，陪伴者在这个情况下需要做的是传递出“有人愿意倾听”这样的信息，让对方知道这个信息的存在。

另外，在哀伤初期，除了倾听和涵容，我们也要注意敏锐地观察并进行风险评估。以案例三为例，案主要我们放心。但是大家都知道，在哀伤初期案主说要我们放心的时候，我们是不可能放心的。这时作为一个陪伴者，我们应该非常真诚、真实地面对自己，并把自己的感受和想法坦诚地告诉被陪伴者，而不是假装不担心地跟她说“好，好，我会放心的”这类话语。所以真实地表达自己的想法，实际上也是为被陪伴者做坦诚表达的示范。对此，我们可以这样回应：“你要我现在真正地放心，是不太容易的事情，也是不太可能的事情。因为我知道没有那么容易，毕竟你已经照顾你妈妈那么长时间了，而且你跟妈妈的感情又那么深。”关于风险评估的问题，就这位案主来说，其实当时我们已经意识到她后续可能会出现高风险情况，所以我们要做一些预防工作。因此，在跟案主对话时，我们也传递了这样一个信息：“你要知道，没有人在遇到这么难过的事情时可以立刻这么坚强。其实有时候累了也没有关系，休息一下也没关系。一直以来你都在照顾妈妈，让妈妈很放心，你很体贴。也许你会担心，如果你让我知道你过得不好，我会难受，可是我想让你知道的是，你不用担心我会承受不了。有什么事情都可以跟我说，无论什么情况，我们都可以试着一起面对。”这样的信息就是为被陪伴者在日后可能会出现的起起伏伏做预备。

由上述内容可知，我们在哀伤初期需要留意三件事。第一，提供一些信息，让被陪伴者知道我们是愿意倾听的。第二，我们要有一些适时的回应。第三，我们要有敏锐的观察力，在陪伴的同时进行风险评估。

此外，我们要允许被陪伴者软弱和悲伤。依旧以案例三为例，案主在母亲过世后的三年时间里不停地伤害自己，这个自伤的过程可能在不少人看来难以理解，但她常常不愿意说，因为这就好像“我又这样子做了”。这时候我们一定要表达出这样的信息：我们真的容许也接纳这样的软弱和悲伤，甚至能够理解。这位案主后来说：“其实我不是想死，我只是想要一种感觉，感受到自己还在。”这句话背后的含义是，案主在很努力地回到能控制自己的状态，所以这是一个有利的、有能量的发展阶段。对于这种情况，我当时给出了这样的回应：“虽然现在的生活好像有一点点崎岖，你的身上有这么多疤痕，但是你知道吗？以前都是你在照顾妈妈，你所有的生活重心，你所有的一切都是围绕着妈妈转，都不知道把自己放到哪里去了。所以现在的你才开始为自己说话，为自己发声。不过，现在的方法似乎看起来有些急、有些猛，甚至让我们有点措手不及。”这样的回应其实也是在告诉被陪伴者，你现在发生的事情我都能理解，而且我依然会接纳和陪伴你。与此同时，我们可以试着再发出一些邀请，因为我们看到了案主的力量。我们可以说：“我们可以再想一想，有没有其他可能为自己说话的方式。”总之，在陪伴中如何表达倾听，如何表达我们对哀伤者的哀伤反应及各种反应的涵容，都是我们在哀伤初期要特别留意的事。

二、 哀伤中期：通过更多的联结和对话来陪伴

对处于哀伤中期的哀伤者的处置，我们以案例五为例来进行说明。案例五中的案主在其母亲过世半年之后，仍不敢进入母亲的房间。面对这种情况，我们需要清楚哀伤中期有一个非常重要的任务，叫作“重建”，所以在哀伤中期，我们应该通过更多的联结和对话来进行陪伴。

我记得当时我们的对话是这样的。当案主告诉我她跟妈妈过往的事情时，我说：“听起来你跟妈妈有过一段只属于你们母女二人的无可替代的时光。”这句话其实是想告诉她，我知道记忆有多么独特、

多么珍贵，那是她跟妈妈专属的，是别人无法替代的。接下来我说："你刚才说的妈妈的那件事情还真挺好笑的，你妈妈真的是一个很可爱的人，而且也很幽默。她在美国的那段时间真的好迷人，你觉得你哪一点跟她很像？"这里有一个技巧，我们刚刚提到运用更多的联结和对话，其实这个联结里有一条是案主跟妈妈的联结。在谈话里，我们把它带出来，参与案主的生活记忆，她的回忆里有一些生活经验、生命的片段，可以让我们的陪伴延续。

对于案例一的处置，我举一个例子来说明我们是如何通过语言传递联结的。我们可以说："你爸爸也是一个会找朋友聊天的人。我觉得你跟爸爸一样，都是可以跟别人分享的人。现在的你很棒，没有强求一定要与别人谈话，自己一个人也可以安静独处。"这三句话的背后有一些谈话的脉络：第一句，"你爸爸也是一个会找朋友聊天的人"，这里提到了她已经过世的父亲；第二句，"我觉得你跟爸爸一样，都是可以跟别人分享的人"，这里，我们让被陪伴者跟她的父亲产生了一个联结，即他们都是可以与别人进行分享的人；第三句，"现在的你很棒，没有强求一定要与别人谈话，自己一个人也可以安静独处"，这里又回到被陪伴者身上，因为我们在所谓重新建构的过程中会经常谈论到过世的人，让被陪伴者感觉到跟他的联结，再回到被陪伴者本身的需要，通过这样不断循环的对话，可以让被陪伴者重新赋予其生活不同的意义，重新赋予关系不同的意义。

这之后会有其他对话，我在上文所写的内容意在提醒大家，谈话没有那么简单，回应时背后当有各种考虑。

如果再来一个循环——"你知道吗？要做到这样真的很不容易"，这时候我们又回到案主个人的身上——"这样真的很不容易，因为我看到你的内心有安静的力量已经生长出来了，你可以自己一个人安静地面对”。我们希望提醒被陪伴者看到自己内在的力量，下一步让她再跟爸爸产生联结：“你猜猜看，如果爸爸看到你现在的样子，他会跟你说什么？”这时候，被陪伴者跟爸爸的联结其实已经不一样了，一个是过去，一个是现在。她的爸爸虽然看不见她的成长，但是可以用关系问句来达到这个目的——爸爸会怎么看她？然后说：“能不能跟我多分享一些，你现在看到自己有什么不一样吗？”话题又回到案主个人的身上。

所以在哀伤中期的对话里，我们经常建立案主和逝去的人之间的联结，然后再回到他现在的生活，即有一个谈话的脉络在循环。在这个过程中，我们要发掘被陪伴者的成长与改变，但凡发现一点点变化，我们都可以将其放大，让被陪伴者肯定自己的成长。

我们再看案例三。其中的被陪伴者所说的话虽然听起来好像没有任何具体的作为，但我们要帮助对方看见自己，看见自己正在往前走。我们可以这样回应：“当你说这句话的时候，有没有发现有两件事情发生了变化？一是现在的你比较放松，不像刚开始时那么用力地去感受。二是你找到了跟妈妈再相遇的方法。”这个回应是让她知道，虽然她的情况看起来好像没有什么具体改变，但其实是在向更好的方向发展。这个方向是什么呢？是她跟妈妈重新发生了联结，当这个联结可以再发生的时候，她跟妈妈相处的意义就不一样了。被陪伴者本身已经比较放松，这时谈话再回到被陪伴者身上，再一次产生循环。所以整个哀伤中期的陪伴有两个重点：第一，被陪伴者与逝者关系的再建构。逝者已经不在了，但他们的关系还在，只是用一种新的方式来理解和呈现。第二，对自我生命的重新定锚。这个人已经不在了，但是被陪伴者的生命、生活还在，没有他的日子里面，被陪伴者的生活可以继续过。

三、哀伤晚期：赞叹与祝福

在哀伤晚期，陪伴者要做的是对被陪伴者进行赞叹和祝福。我们来看案例二。她说会想妈妈，但是想的时候只敢想一下。这里我们要回应她什么？要如何赞叹和祝福？我们可以说："你有没有发现，现在你手中有一把钥匙，这把钥匙由你自己控制，比如什么时候想妈妈，什么时候锁上你的想念。能够把对一个人的想念放在一个让自己放心的地方，要想的时候就拿出来想，不想的时候就把它放回去，这需要有强大的力量，我真不知道你是怎么做到的。"这句话也是要让被陪伴者知道，其实她比自己想象得更有力量。

在案例五中，案主提到她养了两只猫，她说自己都吃不饱了，但还是会养猫，会去跟妈妈说话。其实这很像她们的关系——非常自在。所以在这个部分，我们可以说："你刚刚在描述你带着猫去庙里看妈妈，跟妈妈说那些话的时候，我就在想象那个画面，我觉得那个画面很能打动人的心。"这样的回应就是我们想让被陪伴者知道，她的转变是非常让人动容的。然后可以告诉她："其实我很为你感到骄傲。真的，你也应该为自己感到骄傲，因为现在的你可以让外婆、让阿姨都很放心。甚至你还可以带着外婆一起去看妈妈，你真的好体贴。"这句话也是回到被陪伴者的身上。最后一句话是："你知道吗？我觉得你是这个家的幸福得以延续的关键人物。"在这里我们有一个技巧，就是内化和外化。我们把不好的事情与被陪伴者分开叫外化，把好的事情与被陪伴者联结在一起叫内化。这个案主的体贴是事实，带着外婆去看妈妈也是事实，所有这些都是好事，我们就要把这些好事跟案主联结在一起。我们要让她知道，她其实是非常重要的人物。

在哀伤晚期，有如下几个陪伴要点很重要：

第一，看见被陪伴者的成长。他是成长的，我们要提醒被陪伴者看到自己的努力，看见自己一路的成长。

第二，生命的重新起航。我们在哀伤中期赋予的一些意义、创伤后的成长，让被陪伴者重新起航，让他的生命能够延续下去。

第三，盼望的真实与永续。让被陪伴者知道，他经历这个过程的能量与盼望是真实的，是能够持续下去的。

第五讲　创伤知情与创伤疗愈

钟佩怡[①]

近年来，创伤知情（trauma informed）概念被广泛应用于多元实务领域中，如教育校园辅导系统、儿童青少年安置机构服务、矫治机关与司法系统、性侵害幸存者服务、重大灾害陪伴辅导、医疗诊所等（SAMHSA，2014）。下面笔者将介绍创伤知情的基本概念和如何进行创伤疗愈。

第一节　重新理解创伤与受创个体

一、案例

小美在幼儿园大班时遭家人性侵害，小学二年级开始在寄养家庭的照顾下生活，直到小学五年级。因此案需再次出庭，我陪小美来到法院。在秘密证人室等待出庭期间，小美靠近我并闭着眼睛闻了闻，对我说："老师，你好香喔。"我当时有点吃惊，不知道她这句话是在表达什么意思，也发现自己有些不自在，我很生涩地回应，希望结束这尴尬的情境，我拿捏着分寸对她说："谢谢你喔。"

二、分析

我发现自己对小美的这个行为感到不自在，也一直在想她的行为是什么意思，甚至担心她产生了不适宜的"偏差行为"，当时就与她

---

① 辅仁大学社会工作学系助理教授。

的心理咨询师[①]讨论起来。其实，小美被伤害时是被蒙住双眼的状态，加害者要求她用嘴巴去接触加害者的生殖器官。因此，小美在创伤事件中是看不见的，但她的嘴巴和鼻子非常靠近伤害的来源，这导致她的嗅觉变得非常敏锐，她甚至通过嗅觉去认识世界、评价关系。也就是说，小美的那句令人感到不自在的“老师，你好香喔”，是在表达“老师，你是好人”的意思。

如果我没有进一步去探索，了解小美早年的经历，就无法正确认识与了解她的行为的意思，甚至对她做出错误且负面的评价，影响处遇。因此，创伤知情取向对助人者最重要的是提醒与反思，如同培理（Perry）博士所言：“不要只研究她的症状，而要看看她过着什么样的生活。”（张馨方译，2018：31）因为只有真正地了解他们，才能贴近他们的生活。想想这些孩子看起来非常奇怪或有不适宜行为的原因是什么，这些孩子经历过什么，才导致他们现在用这样一种行为来回应我们，回应这个世界。

第二节　创伤知情的基本概念

知情就是认识，所以创伤知情实务就是创伤认识的实务。自第二次世界大战起，许多研究议题特别关注战争中的军人、有严重受创经历的人群和创伤后压力综合征（PTSD）。随着研究与生理科学的发展，人们理解创伤议题的新视角——创伤知情——产生了。

创伤知情视角立足于优势观点取向，能够辨认创伤压力，了解创伤压力对个人、家庭、系统的影响，并且应用于对创伤压力的理解，

---

① 心理咨询师又称心理咨商师，相应地，咨询关系又称咨商关系，如赵然老师在其讲稿中就用了“咨商关系”和“心理咨询师”。

带给个人与系统预防和疗愈创伤的力量（SAMHSA，2014）。

一、创伤知情的四个基本概念

美国创伤知情照护中心（National Center for Trauma-Informed Care）于2005年成立后，立即开始积极推动具备创伤知情照护（trauma-informed care）取向的服务，该服务模式包含以下四个要素（SAMHSA，2014）：

（1）理解创伤。助人者不仅要认识与理解创伤的内涵、普遍性及影响，还要重新理解个体所呈现的行为是对过去创伤经验反应的因应性行为（adaptive response）。

（2）辨识创伤。助人者须辨识出个体的创伤症状与线索，辨识事件对个人、家庭、系统的影响，并重视历史性、脉络性的理解。

（3）回应创伤。助人者通过对创伤的全面理解，辨识造成个体、家庭、系统的创伤路径及其创伤反应；充分运用与创伤相关的知能，在政策上、实务工作上、程序上全面地响应服务对象。

（4）防止再度受创。为避免服务对象再度受创，助人者应关注且避免可能触发服务对象创伤反应的各种言语、文字、行动、措施等。

二、创伤是什么？创伤很普遍吗？

创伤是一种压力事件，过往创伤被局限为“重大”“严重”的个人生活事件，然而事实并非如此。有研究指出，约25%的儿童青少年在其一生中至少经历过一次潜在性的创伤事件（potentially traumatic event），包括危及生命的严重事故、自然灾难、遭人殴打、家庭暴力、小区暴力或目睹暴力（Costello et al.，2002）。另一项美国学者针对17 000名成年人的研究探讨了童年的负向经验与成年时期健康及行为的关联性，研究发现，近三分之二的人有一个或一个以上的负面童年经验（Adverse Childhood Experiences，又称童年逆境）；研究还发现，那些在童年期有较多负面经验的人，成年后出现健康问题的概率也更大（Felitti et al.，1998）。

其实，创伤比人们认为的更为普遍。因此，助人者必须重新思考创伤到底是什么？

创伤来自许多层面，初步可分为六类（SAMHSA，2014）：（1）自然灾害。如风灾、地震。（2）人为事故创伤。如车祸。（3）个人创伤。指伤害、压力事件只对个人造成影响，如被抢劫。（4）集体性创伤。战争就是一种集体性创伤；某些文化也会造成集体性创伤，如印度童婚文化；亦包含政策制定后对某些群体造成的创伤。（5）发展性创伤。如在生理、大脑发展和创伤研究中发现，儿童时期的受虐经历也会导致个体在成长过程中大脑结构、认知、链接、生存功能反应的发展受到损害与影响。（6）机构创伤（又称系统创伤）。提供服务的机构在服务设计、服务输送等过程中让服务对象受到伤害与损害。

个体在生活经历中可能遭遇一个或数个不同的（复合性）创伤，且个体的差异也会影响事件后的调适，因此我们需要从创伤的3E角度来全面理解创伤。3E分别为：Events（事件），是指造成身心与社会发展之负面影响的伤害性事件；Experiences（经验），除事件本身外，个体对创伤事件的主观体会和解读也会决定他们是否会经历创伤；Effects（影响），是指创伤造成的影响（SAMHSA，2014）。

创伤知情视角需要重新诠释对个体行为反应的理解，将个体的“不适应行为”视为个体“面对负面情境或经验的因应方式”。

三、创伤的影响

当一个物品掉进水池中，水面会出现持续向外扩散的涟漪，这很适合用来描述和形容创伤的影响：最核心、最关键、最接近伤痛事件的那一点，涟漪最大，反应最大，创伤强度也最大。此外，创伤产生的水波涟漪将持续往外、多面向地延伸、传递与扩展，形成涟漪效应（潘正德，2021）。这意味着，若我们只聚焦于核心的创伤事件点，而忽略向外扩散的创伤影响，就不能全面认识创伤对个体的影响。

创伤可能是一件或一连串事件所致。对于个体而言，创伤可能对身体与生命造成威胁性的伤害，影响可能立即出现，也可能延迟出现，并对个体造成不同程度、短期或长期的不利影响：① 情绪层面的影响。如恐惧、害怕、愤怒、焦虑、悲伤等。② 生理层面的影响。如心血管疾病、消化问题、睡眠障碍、身心症等。③ 认知层面的影响。如对外在世界缺乏安全感与信任感，认为外在世界、人是不安全的。④ 灵性层面的影响。如无法产生希望感与幸福感等。⑤ 行为层面的影响。如自我治疗方式的药物滥用、自伤行为等。⑥ 人际层面的影响。如不安全依附、与他人的关系若即若离等；在一些社会性功能角色的表现上也可能会受损，如早期受虐的孩子长大后可能会成为一个施暴的父/母亲。⑦ 发展方面的影响。创伤的影响在每个年龄层都可能以独特的方式呈现，儿童青少年和老年人面临的风险最大，如老年人可能出现更多的孤僻、不愿离开家、慢性疾病恶化、忧郁等现象（SAMHSA，2014）。

神经科学的发展能帮助我们更多地认识创伤对大脑的影响，即便创伤并未直接对个体的身体造成伤害，但对个体而言，这仍然是一种心理物理性（psychophysical）的经验，迫使个体的身体付出代价（谢麟兮译，2021）。

首先，大脑的发展是从下而上的，如同盖房子般从下往上建造，最先发展的区域是脑干，其负责基本生存机能与生存模式，如呼吸、心跳、血压、消化等。然后发展的区域是边缘系统，又称哺乳类脑，负责掌管情绪、侦测周遭是否有危险。一旦侦测到危险，就立刻传递信息给脑干，使个体心跳加速、血压升高、呼吸急促，在面对危险时可以实时做出反应。最晚发育的区域是大脑皮质区，其负责抽象思维，可以吸收并整合信息、赋予意义、管理语言、调节情绪、进行自我管理等（张馨方译，2018；刘思洁译，2017）。当个体感受到周遭情境的威胁与不安全时，大脑的脑干会非常敏锐地做出反应，因为需要保护自己生存下来；而在脑干部分非常活跃时，大脑的其他功能会相对弱化。因此，一旦个体遇到危险，感到警觉、紧张、恐惧、不安全的时候，他没有办法用逻辑思考，而早年的经验使得个体对于诱发创伤情绪经验的线索特别敏锐，“一朝被蛇咬，十年怕草绳”的原因就在于此，草绳明明不是蛇，个体为何会如此惊恐地做出反应？这是因为大脑中反应的回路因创伤经验而被强化了，一旦“类似蛇的草绳”出现，就会诱发创伤反应，大脑会立即启动自我保护机制。

其次，神经系统与生存的关系。当外在环境事物刺激引发个体反应时，个体会通过微笑、倾听等沟通方式，借此拉近人际关系以获得安全感；当这种方式不能使个体感受到安全时，个体将会启动交感神经系统，做出“战”或“逃”的行为；倘若威胁持续升高，边缘系统会持续活化副交感神经系统，使个体产生“僵”“冻结”的因应行为，这是一种自发性的求生反应行为，如同反射作用一样，是瞬间发生的（罗斯柴尔德，2021）。因为个体面临冲突事件、觉得危险，甚至感觉生命受到严重威胁时，身体机制会让个体呈现冻结或关闭状态，如同呆滞、被吓到后完全没有反应，似乎时间、空间都被冻结住了。这是因为个体无法承载负荷，只有让自己变得麻木、把所有感觉都隔绝掉，才能帮助自己渡过这一困境。此外，研究发现，求生机制在创伤后形成压力综合征的研究对象身上出现问题时，若个体无法释放足够的皮质醇来平息身体的警报反应，就会使个体持续存在惊觉、紧张的状态，无法恢复平静（Yehuda et al.，1990）。

四、身心容纳之窗

身心容纳之窗（Window of Tolerance）是人的一种情绪、身心状态，当个体处于这种状态时，会感觉很舒服、很有安全感、很满足，甚至感受到自我价值与存在感。这一概念由美国精神科医师丹尼尔·席格（Dan Siegel）于1999年提出，他认为每个个体都有一个身心容纳之窗，当个体处在窗内时，能够调节自己的情绪状态；当发生威胁时，个体会冲出身心容纳之窗，进入过高激发状态，出现“战”或“逃”的行为，有时则进入过低激发的关闭、冻结状态（Daniel，2021；胡嘉琪，2020）。

身心容纳之窗的范围越大，个体要冲出或掉出这个范围的概率就越小；换言之，个体较能够保持情绪安全、平稳的状态。因此，助人者可以与受伤者讨论情绪展现的方式，也可以引导其思考如何扩展身心容纳之窗。

五、创伤知情的实施原则

创伤知情取向的实施有六项基本原则（SAMHSA，2014）：

（1）安全原则。让个体感受到身心安全，是创伤知情取向实务相当重视的一环，因为许多受创个体经历过不安全的关系或生活情境，因而非常没有安全感，也不容易信任他人。一旦有了安全感，个体最基本的需求被满足了，就能使个体处于稳定平静状态，我们要持续与其进行讨论也相对容易些。

（2）信任感与透明度原则。这一原则是指整个组织服务的运作、相关信息的公布、决策过程都需要透明。透明是为了与服务对象建立并维持信任关系。

(3) 同侪支持原则。系统是在安全、彼此信任、合作的关系中，协助并陪伴受创者；或者在与受创者互助的过程中，彼此通过生命故事经验分享，互相陪伴，开始复原与治愈。

(4) 促进合作原则。创伤知情实务理论认为，每个人在互助过程中都扮演着重要角色，因此有必要强调伙伴关系与权力共享。助人者要将选择权、控制权共享给所有参与者，大家共同决策；服务过程中鼓励服务对象开放地沟通，不批判服务对象的真实情绪。

(5) 充权原则。创伤知情理论以优势视角为基础，因此服务过程中，看见个体的优势很重要，助人者与服务对象要一同探索、发掘生命中的韧性及复原力、个体与身处其中的系统组织的能力等。在服务过程中，助人者要不断充权，给予服务对象机会，让他们拥有选择的权利，并且提供充分的肯定、支持与接纳。

(6) 文化敏感原则。多元文化包括风俗文化、历史、年龄、性别、社会经济地位等。助人者须留意不同族群、不同文化背景下的差异，因为不同文化会有不同的经验过程与认识；亦须根据每个人背景的独特性，去挖掘和发挥其优势；同时，亦须避免刻板印象和偏见。

第三节　创伤知情在创伤疗愈中的应用

在创伤疗愈领域中应用创伤知情概念与原理原则，我们可以依循六大原则进行思考，以下提出可行的应用策略。

一、安全原则

助人者要确保服务对象身体和心理情绪上的安全，可从物理环境、空间摆设、会谈情境等方面进行思考。首先，考虑与检视物理环境的安全。如在物理环境中，有没有增加服务对象安全感的措施？环境设备、空间摆设、光线颜色设计，是否让服务对象感到舒适，感受到安心与安全。其次，在面向受创的儿童青少年提供服务时要特别注意环境中的刺激，因为受创的儿童青少年对身边的各种声音、光线都特别警觉与敏感。甚至环境中的味道也是需要考虑的因素，如服务对象在医疗环境中丧失家人、因为疫情隔离与家人分离的经验，使得其对于白色（白袍）、医院的味道特别敏感，这些容易诱发他想起当时的情境与情绪。而特别针对受创者进行紧急协助/安置时，高度结构性、一致性的作息安排能够帮助服务对象建立安全感，因为固定的作息时间、固定的课程、固定的生活节奏等结构性的安排，可使得他们对后续生活有"可预期性"，在如此慌乱、不可控的情境中有掌控感，可以使他们增加安全感进而渐渐平静下来。

另外，助人者可以直接与服务对象讨论，询问他的生活中哪些是安全或不安全的环境、情境，并针对不安全情境，共同讨论服务对象如何行动，以帮助自己建构出安全感。助人者在与服务对象接触、会谈互动时需要注意，他的身体与心理安全距离是什么，可否握手、拍肩，因为受创的服务对象可能会认为任何碰触身体的行为都是"具有威胁性的攻击"，因此要特别小心观察服务对象的反应，甚至应先取得服务对象的同意。

二、 信任感与透明度原则

助人者必须秉持尊重、接纳的基本态度，在处遇服务过程中要多加说明，如说明政策规定，说明处遇安排的原因，说明后续将会面临的情境等。信息越透明，越能够增加信任感，有时可同时使用书面方式列出服务对象需要知悉的相关信息，并提供给服务对象，让他们可以重复阅读，掌握透明的信息。而当受创个体处于极度混乱、恐慌时，结构性、一致性的安排不仅能帮助受创者提升安全感，也会使受创者因对助人者服务的可预期性而提升信任感。

三、同侪支持原则

受创者因为缺乏安全感，在自己的经验中学到的因应方式是以“躲”“逃”来保护自己生存下去。也可能因为哀伤的创伤经验，受创者不想也不愿意面对人群，以避开他人怜悯或同情的眼神，或避免他人关心之下的各种关爱的询问，因为这些都可能诱发创伤记忆与感受。而受创者越是封闭自己，越是躲避与他人的互动，其与世界、与他人的联结就越少，整体身心状态可能会越来越负面。因此，助人者应该鼓励受创者与他人联结，但必须以他能接受的接触方式与程度进行。有时，哀伤经验受创者的小组工作是非常适宜的方式，因为成员的相似性，使得受创者并不是“特别地、独一无二地存在着”，同侪相似的经验、感受可以成为很好的安慰、陪伴与支持。此外，助人者应持续鼓励受创者与自己的身心状态联结，引导受创者辨识自己的情绪与引发情绪的情境，认识自己的身心容纳之窗（过激或过低的身心反应情况），并且讨论当受创者身心状态不在容纳之窗中时，如何帮助自己调节，如可采取深呼吸、运动、画画、唱歌等不会伤害自己也不会伤害别人的方式。

四、促进合作原则

助人者要发展合作机制，可以思考与检视邻里、小区中，有哪些单位机构可以合作，以陪伴哀伤经验受创者。哀伤陪伴不是短期的，可能是长期的陪伴过程，因此要结合地域性资源进行合作，以提供可近性、就地性的长期支持性活动，如开设舒缓身心压力的定期课程、小组工作等。

五、充权原则

鼓励哀伤受创者一同参与相关服务设计，一同参与小区改造等，聆听他们的意见，在这些过程中让受创者感受到意见被聆听、声音被听见，他们被“看见”地存在着。服务过程中，保证受创者的选择权和决定权，如可以决定会谈的时间、接受服务的方式、参与活动的频率等，这些都是提升控制感、选择权，向被助者进行充权的方式。

六、文化敏感原则

助人者必须有文化敏感度和对不同文化的响应能力，因为不同文化背景的受创者对创伤的认识、归因、因应方式是不同的。社区文化因其优势也可以发展成重要的支持力量，社区中特殊文化背景的受创者是否会成为更弱势、被压迫的成员，都可以在提供社区服务时加以观察；哀伤陪伴的服务设计中是否排除了某些受创者，也应对其进行有意识的检视。同时，多元渠道的信息可以提供更多教育性的信息，也应注意站在多元文化的角度，如利用多国语言、在地方言，并搭配电视、数字平台等多种媒介，借以帮助有不同社会经验背景的受创者，使他们可以理解信息，更多地理解创伤、创伤的影响与因应方式，同时借以提供更多的信息来纾解压力。

究竟什么是创伤知情取向的实务？即能够洞悉创伤的讯号与意涵，理解创伤是什么，理解创伤的来源，理解创伤如何产生影响及其对大脑、对人的行为、对人认识世界会产生什么样的影响，进而贴近这些受伤的生命故事。因为每个人有不同的背景，可能会经历不同程度的创伤，因此，相比“受创”一词，也许用“受伤”一词去重新认识与理解它会比较好，因为这样不会被过往经验所限。

每个个体在生命经验中都曾受过伤，不只是服务对象，身为助人者的我们也在受伤的经验中成长，亦需要照顾自己。也就是说，在照顾这个世界之前，助人者要重视自己的身心状态，因为在陪伴哀伤者时，助人者同时也处在创伤情境、压力事件中，适当纾解压力，深呼吸调节情绪，让自己的身心先回到身心容纳之窗中（如按摩穴位帮助自己唤起身体的感受），保持与他人的联结、与大自然的联结，保持幽默感，才能让自己更好地因应环境与帮助受创者。

第六讲　焦点解决短程咨询用于疫情心理援助热线

赵　然[①]

焦点解决短程咨询如何用于疫情期间的心理援助热线服务？本讲主要从实证研究、理论缘起、理论流派和工作框架等几个层面来探讨这个问题。

第一节　焦点解决的实证研究

在此之前，先给大家讲一个有趣的故事。在世界临床治疗大会上，一名参会的年轻咨询师找到焦点解决（Solution-Focused Brief Therapy，SFBT）流派的创始人沙泽尔（Steve de Shazer）[②] 询问道："有人说焦点解决流派太浅了，甚至有人说这个流派仅仅是一门技术，对此你怎么看?"沙泽尔先生回应道："你问我这个流派是不是太浅了？我想跟你说，我就是怕它太深了。"截至目前，焦点解决已经有35年的发展历史，同时有大量实证研究，由此可见，其并非"浅"的流派。以下介绍一些实证研究。

一、药剂师改变提问后的不同结果

在美国，药房的药剂师给病人取完药后，通常会有这样的行为——给予病人"请您在离开医院后的48小时之内给我打一通电话，我想问您用药之后，效果如何"之类的叮嘱。之后，大概会有80%的病人给药剂师回电话进行反馈，在反馈的病人中，有大约50%的

---

① 中央财经大学社会与心理学院教授。
② 汉译通常称呼其名为"史蒂夫"，在文献中，作者统一以其姓代称，即沙泽尔。

患者表示自身状况有好转，剩下 50%则表示目前没有什么转变。后来，药剂师在跟病人沟通的话术方面做出调整。同样是在病人取完药以后离开之前，他们的叮嘱变成了“请您在离开医院后的 48 小时之内给我打一通电话，我想了解一下您的症状有哪些好转”。这个调整带来的结果是，有 80%的病人表示自己好转了，只有 20%的病人认为自己还没有好转。其实药剂师做的调整很简单，只是把问话的话术做了一点改变，结果病人的回应就很不一样。通过这个研究我们可以了解到，在日常咨询中，如果咨询师和来访者建立了足够好的关系，来访者很愿意按照咨询师提问的方向给予回应。

二、 对即将出狱的青少年的干预研究

在美国一个管教青少年犯罪者的监狱里，研究者将在监狱里服刑完毕准备出狱的青少年随机分成四组，对不同的小组提出后续要求，并对他们的想法进行录音。录音的内容大致为，自己出狱后理想的生活是什么样子。对第一组，研究要求，录音结束后，负责这些青少年的社工要听录音，并和他们进行一对一的谈话，共同探讨出狱后如何生活。对第二组，要求社工听取青少年的录音，但不进行一对一的谈话。对第三组，仅要求青少年录音，社工不听录音，但与青少年进行一对一的谈话。对第四组，不进行录音和其他后续工作。这些青少年出狱后，研究者经过 6 个月的追踪研究发现，第一、二、三组的青少年都有比较大的改善，很少有人故态复萌，而第四组的表现则最不佳。该研究的结果值得我们思考，为什么 6 个月的追踪下来后，结果会有如此大的差异？

焦点解决更看重的是和来访者共同探索其要实现的目标及期待的未来。所以当我们跟来访者一起进行上述工作时，如果可以把这

个部分处理好，甚至把期待的未来具体成一格一格的画面，就会成为一个非常有力量的动作——不管是在意识层面上，还是在潜意识层面上。而访谈对象也会按照与我们一起探索而达成的未来共识去行动。

三、一个实证微观分析研究

该研究选择了六位非常有名的被试者，其中三位是焦点解决的创始人，另外三位是认知行为疗法的创始人。这六位被试者都是在国际上发行过教学录像、被大家公认的创始人。这项研究对其教学录像进行了微观分析（micro-analysis），这也是国际上很流行的一个关于咨询效果的研究方法。研究发现，当咨询师与被试者一起工作时，他们的回应会根据咨询师提出问题的积极/消极取向而发生改变。

若咨询师给予的提问是积极的，如提问“在疫情这么困难的情况下，你是怎么坚持依旧去工作的?”“你是怎么坚持在照顾家人的同时还去参加社区工作的?”等正向问题，那么被试者给予积极回应的频次大约为 180 次，给予消极回应的频次大约是 14 次。但如果咨询师提出的是消极的问题，比如问“为什么你的抑郁症这么严重？都两年了，为什么还没有好转呢?”“是谁造成了这么严重的情况?”等问题，此时来访者给予积极回应的频次只有 21 次，给予消极回应的频次是 111 次。在这之后，研究者又对这六位创始人的整个流派的咨询情况进行了分析，发现不同流派的实践者确实有不同的工作方法和特色。在整个咨询过程中，应用焦点解决方法的咨询师给予积极提问与消极提问的比例是 5∶1，而应用 CBT 方法的咨询师采用积极提问与消极提问的比例是 1∶1.5，如表 6－1 所示。

表 6-1 实证数据

咨询师	积极的问题		消极的问题	
来访者	积极回应次数	消极回应次数	积极回应次数	消极回应次数
	180 次	14 次	21 次	111 次

	积极的问题	消极的问题
焦点解决法	5	1
认知行为疗法	1	1.5

通过这项研究可见，焦点解决方法的咨询师是更积极正向的。此外，还有一个研究是针对焦点解决、CBT 和动力学三个流派咨询师的咨询情况做出的追踪效果研究。该研究发现，焦点解决是起效最快的，CBT 和动力学也会达到良好效果，但过程相对缓慢；持续一段时间后，三个流派的效果没有显著差异，其中动力学稍好一些。

这里再和大家分享一个故事。一位在美国贫民区工作的社工找到了沙泽尔，表示自己有一个个案需要请他来督导。该个案的大致情况如下：一个生活在贫民区的家庭，其中父亲因吸毒、贩毒被捕，母亲曾是性工作者，家中有三个孩子，年龄分别是 13 岁、11 岁和 5 岁。由于父亲入狱，该家庭目前没有经济来源，母亲为了维持家庭生计开始重操旧业。更不幸的是，由于青少年贩毒的暴露可能性相对较低，所以该家庭中 13 岁和 11 岁的孩子被社区毒贩盯上了，5 岁的孩子因无人照料，经常吃不上饭，整个家庭非常困难，急需帮助。沙泽尔思考后说道："我从事临床工作 30 多年，如果你问我面对一个多问题家庭应该怎么办，其实我想跟你说，从来就没有多问题家庭，只有多目标家庭。"沙泽尔的这句话非常值得我们思考，家庭问题的解决有一个很强的假设，即问题背后是目标。其实来访者之所以有问题来寻求帮助，正是因为他在实现目标，因为他在希望获得好的生活的路上遇到了困难，所以需要解决这些困难。问题背后是目标，而抱怨背后则是期待，因为有期待没有得到满足，所以才会有抱怨。因此，沙泽尔在进行咨询服务时通常不会聚焦在问题和抱怨上，而是聚焦于来访者真正想要达到的目标和未来是什么。

我们在热线咨询师的督导过程中发现，现在的热线咨询师有一些能力需要提升，比如评估来访者、来电者的求助问题的准确性方面。通过统计我们发现，在疫情暴发后的热线服务中，大概有三分之一的人其实在疫情之前就有一些情绪问题、精神问题或心理问题，而这次疫情让他们的问题变得更加严重了，或者成为一个应激事件，有的咨询师会被来访者以往的一些症状和问题带偏。咨询师要有快速的、非常高效的共情能力，以及跟来电者讨论目标的能力；还要有跟来电者一起寻找内部资源的能力，对来电者表达欣赏和赞美的能力，以及快速干预的能力。这是我们在热线咨询中发现的，也是大家需要提升的部分。

第二节　焦点解决的理论缘起

一、 焦点解决是什么

首先，焦点解决是一种归纳性发展而非演绎性发展。很多流派会有理论，还有假设、模型，然后才到技术部分。而焦点解决的创始人都是非常成熟的临床心理学家、注册社工、咨询师，他们在提出理论、发展流派之前，放下了曾接受过的所有训练，以一种“空杯”的心态，到咨询室里去看发生了什么。所以，在密尔沃基的短程家庭治疗中心，通常是一个团队在工作，咨询师和来访者在咨询室里谈话，单面镜的后面有8～10个同事在观察咨询室里发生了什么。焦点解决像在沙滩上捡珍珠一样，把其中真正有效的方法、技术和框架逐点归纳出来，再透视这些方法技术要点背后的哲学、人性观和原则，所以我们说它是一种归纳而来的流派，不是演绎出来的。

其次，焦点解决是一种高度简洁、务实的方法，而不是一种理论。它是一种真正地尊重来访者的、互动的、能力优势的、未来导向的方法。它对来访者充满信任，坚持每个来访者都是独特的，对语言运用的要求非常高，有明确的治疗方向。

从哲学上讲，焦点解决的起源就是后现代社会建构论和维特根斯坦（Wittgenstein）的语言哲学，还有东方哲学。这里需要特别强调的是我们东方文化中的太极图，焦点解决更加关注图中的白色部分。黑色部分如果是困难和问题，咨询师会接纳这个部分，但通常不会在这个部分做更多的工作。在接纳来访者带来的困扰和问题的同时，咨询师通常去问来访者一些问题，包括你想要什么？你想实现的目标是什么？你在以往的生活中有哪些能力？你还有哪些经验来帮你实现这个目标？他的假设是：当你和来访者一起努力时，白色部分慢慢扩大，黑色部分自然会缩小。

再次，焦点解决的第一批创始人都来自帕罗奥多的心理研究所。当时的心理研究所（Mental Research Institute，MRI）中有两个团队，一个研究家庭治疗，一个研究短程疗法。伯格（Inn Kim Berg）和史蒂夫都是短程疗法取向的。[①] 两个团队的研究成果都体现在焦点解决方法中，如心理研究所创始人贝特森的家庭治疗系统观，以及伯格将中国传统文化带入焦点解决的做法等。

---

① 一般汉译资料中称其名“茵素”，此处引用遵守统一规范以其姓代称“伯格”。

二、对 SFBT 的思考

提到 Solution，我们就会问 Solution 要解决的是什么，是问题吗？是原因吗？是困难吗？整个工作过程中聚焦的是什么？作为咨询师，你跟来访者一起工作的重点在哪？我们所说的短程是指次数少吗，还是指它更加高效？如果说在全世界 400 多个流派里，它是唯一叫 Brief Therapy 的流派，它是怎么让自己叫短程的？它可以当之无愧地把自己叫作短程，是在哪个部分实现的？是理念、技术、流程，还是原则？

这些年，我们的团队一直在不断跟进国际上焦点解决发展的进程，每年都会参加北美的焦点解决年会（SFBTA）和欧洲的短程年会。现在焦点解决有两个方向，一是焦点解决取向的实践（Solution Focused Practice，SFP），二是焦点解决取向（Solution Focused Approaches，SFA）。为什么会有这样两个变化？我想这跟我们的社会工作专业有很大关系。焦点解决现在开始走出咨询室，进入大量社会实践中，其运用了焦点举措的思维和哲学。我们在社会工作、健康照护领域，在教练、青少年等团体以及团队、企业、学校等机构中大量运用了焦点解决。

比如得克萨斯大学的辛西娅·富兰克林（Cynthia Franklin）教授在美国冈萨洛·加尔萨独立高中（Gonzalo Garza Independence High School）做了多年的现场实验研究。这是一个平民区的中学。当我们看这个项目介绍的录像时，画面中有一个高二的女生抱着一个 1 岁多的孩子，该女生就是早婚早育的学生。她说："本来我的家庭已经放弃我了，当我来到这个学校后，是老师帮助我学习，现在我的学业很好。"这个学校的高中生的学习成绩在全美名列前茅，很多学生毕业后都会被全美排名前 30 的大学录取。这说明用焦点解决来运营一个学校、管理一个学校，用焦点解决理念来教学是成功的。

第三节　SFBT 短程流派介绍

我们一直强调，焦点解决的咨询师和来访者是一个团队。这个团队的目标是高效工作，特点是平等与合作，具体分工是：咨询师邀请来访者投入对话，辨识来访者的资源和优势、改变的方向，创造改变的脉络，但是咨询师不主导改变的内容；来访者接受邀请，提供信息，思考并决定改变的内容。

一、SFBT——视野中的咨商关系

第一，形成一个团队，有共同的目标，能够高效工作。焦点解决的咨商关系非常像我们去超市买东西。当你买完东西要离开的时候，收银员会向你收钱，你们的关系就是合作把这个任务高效完成，你带东西离开，他把钱收完。这种关系在心理咨询中听起来非常有挑战性。我们通常说咨询师是来访者心灵深处的伙伴，是来访者黑暗中的明灯，这与 SFBT 中的咨商关系非常不同。

在焦点解决治疗中，我们非常强调给来访者创造空间，而不是主导来访者的改变，应尊重来访者要去的方向。沙琳·安德森（Harlene Anderson）是合作对话的创始人，她用一个比喻诠释了后现代流派中咨询师和来访者的关系。来访者邀请咨询师进入他的生命里，就像邀请咨询师上了一架直升机，他们两个一起升空、一起飞行。在飞行的过程中，来访者会跟咨询师说，你看，这就是我的生活，我在那个地方长大，我在那个地方恋爱，我在这儿上大学，这是我家的第一座房子……咨询师和来访者一起进入他的生命历程中，去看、去感受他

的生命故事。可能来访者会说，我们就在这座小岛停下来吧，我想在那个地方建一座房子。这是来访者在告诉咨询师“在停下来的地方建一座房子”就是他的目标。那么咨询师就陪他在那个地方停下来，去实现他的目标。这是一个比喻，那么在后现代流派里，咨询师和来访者究竟是一种什么样的关系？

克里斯·伊夫森（Chris Iveson）是一名资深的英国 SFBT 治疗师，他在描述咨询师和来访者的关系时说，一个好的咨询师是什么样的呢？早晨醒来，来访者发现他的生命里有了更多的选择和更多的可能性，他可以决定选择哪个部分来改变他的人生。

第二，我们非常重视来访者，尊重他的生命。焦点解决框架下的咨商关系是两个专家一起工作，其中来访者是自己生命的专家，咨询师是心理学家和助人的专家。SFBT 就是要把来访者当作专家来对待。

第三，关于平等。在焦点解决背景下，咨询师和来访者是平等、合作的关系。当咨询师和来访者沟通时，如果有第三方看到，他就会感叹：在咨询师的眼里，来访者真的是专家，你看他是这样好奇，这样去探寻，这样去预设，这样不把自己专家的知识和经验带到咨询关系里来。这里就会有人提问，焦点解决和人本主义有什么不同呢？人本主义是以来访者为中心的全然的陪伴，来访者被人本主义框架下的专家无条件地接纳；而在 SFBT 中则是两个“专家”一起工作。

再回到咨商关系，伯格特别提到焦点解决咨询中咨询师的边缘性，她认为，咨询师应该追求在来访者的生活中不留痕迹。焦点解决很看重这种“看不见的状态”。如果来访者真正克服了困难，实现了生命的改变和进步，他甚至可能忘记了咨询师是谁，这就是最好的状态。重要的是来访者相信自己促进了改变的发生，而不是离开咨询师就无法做到。

第四，关于阻抗。当我们以来访者为中心时，是两个专家在合作，我们相信来访者是自己生命的专家。很多流派会提到关于阻抗的问题。这次疫情暴发，也有不少来电者有阻抗，因为他不知道电话那一端是谁，他不知道你的能力如何，你是不是能够帮到他，他也不确定他说的问题会不会被保密。在焦点解决视野中，合作和阻抗是什么关系？伯格认为，从来没有有阻抗的来访者，只有不知变通的咨询师。

二、后现代流派咨询师的七个特征

第一，咨询师和来访者的关系是平等的。这个“平等”与人本主义的“平等”不一样，是真正的“平等”，是两个“专家”在一起工作。

第二，后现代流派的咨询过程是咨询师和来访者相互探索的过程。

第三，来访者是自己生命和生活的专家。

第四，后现代流派关注的焦点是认知，而不仅仅是行为。后现代流派认为，认知改变就会有行为的改变，而行为的某些改变也会带来认知的改变和经验的改变，这是一个相互塑造的过程。

第五，重视信念和文化。通常我们看到的是行为，但行为是浮出水面的、可以观测到的部分；水面之下可能是一个来访者的价值观、信念、人生信条，而这些又与来访者生于斯长于斯的文化有关。

第六，后现代流派非常注重语言的使用，语言是形成新的建构的媒介。

第七，咨询师的目标是协助来访者探索生命中新的意义和可能性。

第四节　焦点解决的工作框架

作为一个短程流派，焦点解决到底是怎么帮助别人的？大家一定同意这样一句话：每个来访者都是独特的，是不一样的，他会带着一把心锁来找你，咨询师要用一把独特的钥匙打开这把心锁，才能很好地去共情、去理解他。来访者带来的这些“心锁”是不一样的，比如有感情问题、学业问题、职业生涯问题、经济收入问题，还有人际关系问题等。但是我们真的能够为每位来访者都配一把独特的钥匙吗？

如果这位来访者说：“我的婚姻遇到问题了，需要人帮忙，这是我的第四次婚姻了。”你会不会心头一紧，想：“我一次婚还没离，他都到第四次婚姻了，我好像不太有经验。”所以，给每位来访者都配一把独特的钥匙，看似特别合理，其实不太现实。我们一直在寻找，有没有一把万能钥匙可以帮助来访者，这把钥匙可以帮到不同领域、不同类型的来访者。后来我们发现，这把万能钥匙真的存在。是什么呢？那就是来访者本人。

心理学中有一个假设，即每一位来访者都是带着答案来找咨询师的。可既然来访者知道答案，为什么还要来寻求帮助呢？另外一个假设说，来访者忘了自己知道答案，或者他不知道自己知道答案，咨询师要做的工作不是给他答案，而是和他一起找到答案。在中国心理卫生协会 2019 年学术年会上，按照惯例，我们要做一个联合督导，现场有四五个流派的咨询师，还有两三百名参会者，现场产生来访者后，我们做好保密处理，当场做咨询。后来有一位老师说：“其实来访者是带着问题来的，他已经有答案了，只是来跟咨询师核实一下，看看咨询师给的答案和他自己想的是不是一样而已。”

焦点解决从 1985 年创立到现在有近 40 年的历史了，它不断进化，工作流程也不断改进，从曾经简单的三步走流程到我们今天要讲的四象限模型，以及现在被广泛应用的五步走流程等。

本节给大家介绍的是一个比较容易实操的最小的单元。试着思考一下，当我们与来访者的接触时间只有热线电话里的 30 分钟或咨询室里的 50 分钟时，你与来访者都干了什么？可能是探索目标，询问细节，温暖、赞美和欣赏他。但其实回顾咨询过程时我们发现，我们做的就是三个动作：来访者说、你听，听完以后进行思考，最后再去回应。你的回应可能是追问、提问、赞美，也可能是一个语气词，比如“哦”。

其实咨询的最小沟通单元基本是由“听”和“说”构成的。但在咨询师说之前，还有一个非常重要的动作，就是想。咨询师聆听完来访者的倾诉后，要去想，要去找一个回应的点，所以听后的想是很重要的。我想，每一个流派之所以不同，就是因为他在听的时候、想的时候、说的时候，都带有其流派的特点。在焦点解决中，我们叫作倾听、选择和建构。

我们再回到热线的情境中。假设来访者哭着跟咨询师说她 28 岁了，没有男朋友，一个人在外打工，现在不能回家，因为她们村已经封闭起来了。而且她还有双相情感障碍，她觉得非常孤单，去买东西也有困难，每天都用哭来发泄情绪。来访者说了这么多，在这个过程中，焦点解决的听通常是认真、全面但有选择的。怎么选择？我们通常会听三个重点：来访者特别想要的是什么？什么对来访者来说是重要的？来访者的资源、能力、优势是什么？听完之后，我们要把这些内容梳理出来。

上面的案例是经过匿名处理的真实案例。在这么困难的情况下，她一个人待在那里一个多月，还有双相情感障碍，不能回家，没有男朋友，跟爸爸妈妈关系也不好，但她居然能够坚持吃药，一日三餐也正常，还能坚持在屋里锻炼身体。这让我们很好奇，我们问她：“你为什么能按时吃药，还能一日三餐保持正常？”她说：“因为工作很重要，疫情结束以后我还要工作，而身体好是工作的基础，所以不管发生什么，我要先把自己的身体照顾好。”在这里，我们可以看到她的坚持、她的目标与她的努力。

听完来访者的倾诉后，我们就要选择如何回应了。2019 年 11 月，在加拿大召开的焦点解决年会上发表了一个最新成果，即四象限模型。它是一个很简单、很好用的工具。

简单来说，当一个来访者跟你说他的事情时，这件事情可能是好的，也可能是不好的，还有可能是中性的。就刚才的例子而言，一个 28 岁的患有双相情感障碍的女生，孤身一人被隔离在城市里，生活方面也有许多困难，这是不好的；但她能够尽力保持服药、三餐正常，还能坚持运动，这就是好的。所以来访者说的事情不外乎积极的和消极的，还有中性的。这就构成该象限图的 Y 轴——好的和不好的。

那么 X 轴是什么呢？来访者叙述自身经历时，一定是有时间线的，包括过去、现在与将来。这个女生说：“以前我也找过男朋友，但是没有合适的，我的父母很重男轻女，我一直很不受待见。”这说的是过去。然后她又说到了未来：“我中专毕业，做的是餐饮行业，这个行业受疫情影响特别大，我很害怕疫情结束以后我工作的饭店倒闭了，这样我就失业了。”她说了过去的烦恼，也说了未来的担忧，现在想让咨询师帮助她解决眼前的困扰。

四象限模型中，第一象限是指未来的积极的事情，我们把它叫作心驰神往的未来。第二象限也是积极的事情，但那是过去的，我们把它叫作百花齐放的过去。第三象限也是在过去，但这一象限里是难过的、痛苦的、烦恼的、受伤的、后悔的，我们叫它令人烦恼的过去。第四象限是未来的且消极的，比如焦虑不安的、恐惧的、害怕的，我们叫它惶惶不安的未来（如图 6-1 所示）。

图 6-1 来访者倾诉回应模型（Haesun Moom，2017）

思考一下，当你与来访者一起工作时，来访者说的话是不是通常会在这四个象限里？我们了解了这四个象限后，就有了一个工具，在倾听来访者陈述时，可以迅速地把他叙述的内容放在这四个象限里，以留下更加清晰的感受。

把来访者说的内容放到这四个象限里后，接下来就是我们要做的工作了。有研究表明，一般人在聊天时，大约 65%～70%的内容都属于第三象限或第四象限。比如，你会不会找朋友吐槽家庭琐事或工作的事情：你都那么忙了，你老公也不带孩子，就拿着手机整晚地看；你领导容易被小人影响，特别喜欢溜须拍马的人；你在单位明年就能晋升职称了，你特别想晋升职称，但竞争太激烈了，你还有两篇文章没发出去，急死了；等等。

其实在我们的生活中，基本上大家的聊天内容都会集中在这两个部分。试想一下，如果一个来访者倾诉时所说的话题更多集中在第三象限和第四象限，他所说的要么是难过的过去，要么是焦虑的未来。这时，咨询师需要在第三象限和第四象限停下来，陪一陪来访者。热线咨询师有一个非常重要的能力，就是深刻地、迅速地同理和共情。日常生活中，有人会很啰唆，反复跟你说一件事，没完没了，这时候你就会说这个人太烦了，啰哩啰唆的。但是这么啰哩啰唆是为什么呢？我们什么时候会反复地说一件事？第一，我一定认为这件事情很重要。第二，我一定要让你听到这件事情，让你听懂，因为它太重要了。如果这件事情非常重要，我反复对你说，你却没有给我一个明确的回应，只是说你听到了、明白了，我就会不断地说，因为没有得到明确的回应，我就放不下。大家想想是不是这样？比如，家里有一个上学的孩子，你反复和他说："你快点。"但孩子依然是慢腾腾的样子，你很着急，就不断地催他快点。但如果孩子说："妈妈，我听到了，你让我 9:30 写完作业，10:30 洗完澡，10:45 就上床熄灯睡觉。我会按你说的做的，你放心吧！"这时你就不会再说了，因为他给了你想要的回应。

所以大家在接热线电话或做咨询的过程中如果遇到一个来访者反复说他第三和第四象限的烦恼与痛苦，说他的惶恐不安与焦虑，这大概是你的同理做得还不够，你没有给对方一个清晰的回应，表示你听到了、听懂了，如果你真的能够感同身受，就知道他有多么痛苦了，知道他在乎什么了。当来访者感觉得到了足够的陪伴，他就愿意和你谈第一象限，为什么呢？因为一个人好不容易找到热线电话打过来，好不容易找到了咨询师，他花钱、花时间来找你，一定不是为了和你说他烦恼的过去和害怕的未来，而是有一个他想实现的目标。所以不管他是停在第三、第四象限，还是停在第二象限，他最终想要的是他心驰神往的未来。

我们在第三、第四象限里要能够很快地同理，还要听懂来电者的回应。这时候咨询师就要问来电者，这个热线只有 30 分钟，请问在这 30 分钟里我可以帮你些什么？如果这 30 分钟的交谈非常有效率的话，30 分钟结束后，就要问，你有哪些收获？

你可以去问他第一象限的部分，有人和你说完第一象限后，又回到第三象限，是因为他知道自己想要什么，但他被卡在第三象限、第四象限中了。这时就需要我们在听的部分，听到来访者的资源能力优势、成功经验，以及他没有那么痛苦的例外，我们要到第二象限和他一起工作。以上文 28 岁的女性来访者为例，我们问她：你在这么痛苦的情况下，是怎么做到还能照顾自己的一日三餐的？你是怎么做到按时服药的？你以往的生活中也有过很艰难的时刻吗？那时候你是怎么渡过的？在这么困难的情况下你还能坚持锻炼身体，你是怎么做到的？

第二象限的内容是来访者生命中已经拥有的资源能力，优势是宝藏，是动力，如果这部分得到足够的挖掘，来访者就会带着这些宝藏、经验和资源能力优势，充满信心地去往第一象限。

这就是本节讲的四象限模型，这是焦点解决流派研究中的最新工作模型，大家可以尝试运用。那么我们怎样开展工作呢？讲到焦点解决的问句，最基础的问句有七个，叫作 SCORE－MA，即 S—量尺、C—应对、O—结果、R—关系、E—例外、M—奇迹、A—赞美。选择焦点解决，运用好这些工具很重要。

第五节　核心技术应用的案例

一名学生患有抑郁症，休学在家，他去见心理老师，说：“老师，你知道我患抑郁症一年多了，之前都不能上学，在家里是妈妈照顾我。我现在好一点了，但仍然觉得很痛苦。”老师说：“痛苦？你能和我说说吗？”注意，老师重复了学生的一个关键词，就是“痛苦”，在这个部分停下来，这是在第几象限？是第三象限。老师在这里停下来陪他一下，“你能和我说说吗”是焦点解决中的一个非常重要的原则，即 Not-Knowing，保持对未知的好奇态度。

学生说：“我知道我妈妈希望我能立刻去上学，虽然她没有说出来，但我觉得压力很大。”老师说：“妈妈没说出口的期待让你有压力，说明你很在乎妈妈的想法。”在这段对话里，老师表现出了对学生压力的同理，同时把妈妈这个重要的角色引入进来，这里有一个正向的反馈，就是学生很在乎妈妈的想法。

学生说：“是，我很难过。我现在还不能去上学，但我想让妈妈高兴一些。”老师说：“所以你自己也很希望能够去上学，是吗？”站在学生的角度，老师进一步澄清学生确定自己想去上学的想法。老师说：“虽然你感觉这个阶段比之前好了很多，但觉得目前仍然不能去上学，可是，对妈妈来说，好像觉得你可以去上学了。”这里再次跟学生澄清，他比之前好多了，他妈妈希望他去上学，但是他自己不能去，这是一个综述和澄清。

学生说：“嗯，是啊。妈妈会说，你可以去学校看看同学什么的。”老师问：“那么，如果我们有机会问妈妈的话，她会说她看到了什么？或者是什么让她觉得你可以去上学了呢？”这里有一个涉及关系的问题，通过前面几句话，大家看到，妈妈和学生的关系非常密切，妈妈是学生非常重要的支持系统。

学生说：“我慢慢能够出门了，能和她聊天说笑了，而且也能看点书了。”老师跟上他说：“我可以先了解一下你是如何帮助自己的吗？从一直躲在家里，到现在能出门，跟妈妈说话、聊天，还能看书，你是怎么做到的呢？”在足够同理学生第三象限的时候，老师可以和学生一起往第二象限走了。“你是怎样在抑郁得很多事都不能做的时候，还能出门、看书的呢?”这里运用了应对问句和赞美的技巧。

学生说：“妈妈帮了我很多。”他把成功归功于妈妈。老师马上说：“妈妈是怎么帮你的?”这是一个关系问句加 Not-Knowing。学生说：“妈妈常跟我聊天，鼓励我，带我出去散步，拉我去逛街，也会骂我，说她很伤心，要我能够‘站起来’。”老师说：“喔，妈妈做了很多事情啊!”这肯定又是一个关系问句，再次强化了学生跟妈妈的关系。学生说：“是啊，妈妈很伟大。对于我还不能去上学，我也很生自己的气。”这个学生又回到了第三象限，也有第四象限中的一些担忧，如“我去不了啊，怎么办? 我很害怕”之类的问题。

老师说：“我当然可以理解你，你那么感谢妈妈、在乎妈妈。”学生说：“是的，她没有放弃我。”接下来老师说：“虽然你觉得自己还没有准备好马上可以去上学，但是我想知道，在妈妈的帮助下，如果在一个 1 分到 10 分的量尺上，10 分代表你一开始说的你可以像之前一样去上学，很正常地过日子，1 分代表你刚患抑郁症时住院的状况。你觉得你现在有几分?”这是一个焦点解决中非常典型的量尺问句，把一个所谓不太好界定的问题，用量尺这个工具，放到学生身上，让他评量自己的状态如何。量尺这个工具可以把一个看似不太具体的问题，在来访者的框架中迅速具体化。

学生说：“有 5 分。”老师说：“好的，5 分。那在这 5 分里，妈妈帮你有几分? 你自己做的有几分?”这里坚持了量尺工具的持续应用。学生说：“妈妈 3.5 分，我自己 1.5 分。”老师紧跟上说：“你自己 1.5 分，具体是什么呢?”学生说：“我也很努力，也没有放弃自己啊。”现在是在第二象限的部分，这时候一定要停下来做更多的挖掘，让学生挖掘更多的资源，让他更有能力。老师马上追问：“哦，还有呢?”这里运用了焦点解决的追问，让学生顺着这个方向走。

他说："就是不放弃自己，让自己继续看医生，做妈妈说的要做的事情，不过有时候还是做不到。"学生在第二象限停了一下，又回到了第三象限。这时老师说："在你能够做到的时候，你会努力提醒自己不要放弃。"学生说："对呀，我其实没有放弃上学，但是……但是我没有信心能去。"老师说："信心是很重要的力量，你没有放弃上学，只是目前信心比较不足而已。"学生说："对。"在这个部分，老师两次用了学生的原话，就是"信心"，信心的强弱程度和学生能否上学有很大的关系。老师就是抓住了"信心"这个词进行同理，进而澄清。

第一，老师说信心很重要，学生听了会觉得对，他不去上学是因为没有信心；第二，老师强调"你没有放弃上学，只是目前信心比较不足而已"，学生又说"对"。这段对话一共只有二三十句，但是学生说了很多"是的""对"，这表明老师每次给他的回应都是非常精准的。我们接着看，老师问他，如果在一个1到10分的量尺上，10分表示很有信心，相信自己能够去上学，1分是没有信心，自己不能去上学，他对自己目前的状况打几分。在这里大家可以看到，量尺这个工具可以让学生来评估自己上学的可能性。

评估后我们发现，信心是关键，于是接着用量尺评估信心。当学生说只有5分时，老师就问他自己觉得到几分才能去上学，这里用了结果＋量尺的方法。大家要注意，不一定非要达到10分才可以去上学，有人认为8分的生活就是完美的，10分是不可能达到的。这名学生说最少要到6分自己才能去上学，而老师的回应很温和。这个温和表现在他没有问学生觉得自己怎么做才能达到6分，因为这名学生患有抑郁症，他自己的能量比较低。老师换了一种方式，问他："你觉得6分的自己和5分的自己会有什么不同吗?"这句话里既有量尺这个工具，也是差异化问句。其实，当一个人知道理想的自己和当下的自己有什么不同，并且能把这些不同一点一点梳理出来时，那么从5分到6分的前进路径自然而然就呈现出来了。

当学生说这个问题自己没有想过的时候，老师说：没关系，慢慢来。学生想了想说，6分的自己会不太害怕看到陌生人，那时候的他不仅能看书，还能写作业，其实他自己也想增加出门的次数。这个时候他自己就看到了6分的自己和5分的自己的不同在哪里。然后老师告诉他："你很希望自己能够去上学，想让妈妈开心，信心对你很重要。当你看到自己不太害怕陌生人，甚至还能看书、写作业、出门走一走时，你就知道6分的自己是什么样了。这样的你就可以去上学了。"老师的这段话把6分和5分的差异再次详细地告诉了学生，让学生意识到，原来做到这些自己就能去上学了。

紧接着老师问："从5分到6分，你觉得自己需要继续坚持，或者重新开始做什么事情会有帮助呢？这个帮助不是一下子提高到6分，而是一点一点来，一次只有0.5分也是可以的。"焦点解决的原则非常强调一小步的改变。因为一小步的改变比较容易发生，且容易让来访者有动力、有信心，而且一小步的改变串在一起，一定是一个大的改变。所以，这个学生立刻说，他可以继续吃药、运动，和妈妈聊天。这时他已经开始为"去上学"而行动了。

我想通过这个例子给大家展示一位咨询师如何运用这些工具陪着学生在第三象限和第四象限待着，然后到第二象限去看看自己拥有的资源和能力，再去第一象限看看他想成为怎样理想的自己，进而厘清理想的自己和当下的自己之间的差距在哪里，从而帮助来访者去探索努力的方向和具体措施。

第七讲　焦点解决短程咨询用于社区心理危机干预

朱松林[①]

关于焦点解决与社区心理危机干预，我想先谈谈对两者的理解。

第一，疫情后的社区心理危机干预的重要性不言而喻。每次提到危机干预，我们都会联想到创伤后遗症。疫情得到控制后，下一步的重点工作是怎样帮扶重点人群、恢复正常社会秩序，帮助市场主体复工复产及做好疫情防控的后续工作。而在所有公共卫生事件中，永远有两种看不见的病毒，一种就像这次的新冠病毒，另一种是心理恐慌。因此，在灾后恢复工作中，同样存在两个战场：社会层面和民众心理层面。我们的社区心理服务，在其中占了很大一部分。

大部分人经过这样的危机事件后，在或长或短的时间内会慢慢走上正轨，恢复平静，但是也有一些人需要更多的帮助。比如汶川地震时，有一位作家在废墟里被困了很长时间，后来虽然获救了，但他患上了严重的抑郁症，自己完全开心不起来，觉得很恐怖，甚至感觉周围全是黑暗。这种创伤的记忆会一直重复“闪回”。后来这位作家实在撑不住了，4 年后，即 2012 年，他发了一条微博，然后吞下了两瓶安眠药（自杀了），幸运的是他又一次获救了。我举这个例子是想告诉大家，创伤后应激障碍必须引起重视，就像有首歌里唱的那样，“哭不出来的一种悲伤越藏越凄凉，……说不出来的一种失望越忍越沮丧”。

在进行心理危机干预时，危机干预者有四个角色：危机刚刚发生后，危机干预者扮演着父母一样的角色；危机发生后 1～2 天，危机

---

① 上海“12355”专家咨询师，国家二级心理咨询师。

干预者要做一位老师；危机发生后 1～2 周，危机干预者是助人者；危机发生 1 个月以后，危机干预者更多扮演心理咨询师的角色。

习近平 2020 年 3 月 2 日在同有关部门负责同志和专家学者就疫情防控科研攻关工作座谈时发表讲话指出，病人心理康复需要一个过程，很多隔离在家的群众时间长了会产生这样那样的心理问题，病亡者家属也需要心理疏导。这个问题解决不好，会带来社会稳定隐患。要高度重视他们的心理健康，动员各方面力量全面加强心理疏导工作。这就是说，我们的工作对象有病人、隔离在家的人、病亡者家属这三个群体。在疫情期间的心理援助工作中，心理危机干预是不可避免的。

第二，焦点解决法干预心理危机的特点是简洁而高效。上文讲的是大环境、大背景、大需求，我们要顺势而为，有所作为。回到现实，社区服务、社会工作的难点在于千头万绪无从下手，以及任务重人手少，尤其现在经过新冠疫情暴发期这 3 个月的紧张奋战以后，大家或多或少都有些倦怠了。为此，我们需要掌握一种相对高效、简便的心理疏导技术。焦点解决就符合这个要求。

焦点解决法于 20 世纪 80 年代由美国的沙泽尔和伯格夫妻及他们有多元训练背景（包括心理、社工、教育、哲学、医学等）的同事共同提出。这是一个正向取向的、以行动为主的，强调快速、高效，尽可能减少咨询次数的心理工作方法。它最突出的特点在于，在整个咨询过程中，始终以心理健康的观点去看待来访者的问题，也就是我们通常所说的“去病理化”。其核心要素有四个，包括目标导向、自我探索、寻找例外、雪球效应。这个方法认为所有问题和机遇是并存的，问题并不意味着病态，问题也有正向功能。这一点有些类似家庭治疗里所说的“疾病的意义”“症状的功能”。我们认为，来访者才是解决问题的专家，他自己具备解决问题的潜能，只不过“当时已惘然”，他在创伤后暂时忘记了自己具备这样的能力。因此，心理咨询师和来访者的关系是合作、互助的关系。来访者是专家，咨询师是问题解决过程中的专家，来访者在咨询师的引导下不断挖掘自己的潜力，积极努力且有效地运用自身的正向资源，推动自身的改变，从而达到解决问题的目的。焦点解决关注的重点不是问题本身，而是探寻问题的例外，同时因为它是目标导向的，以始为终，这让干预相对比较高效，所以这种短期的咨询模式较为容易掌握。

焦点短程疗法认为来访者是自身问题的专家，所以在我们的服务过程中，能够比较有效地体现“助人自助”的精神：我们相信以人为本，接纳来访者；我们积极、正向地看待来访者，这就是优势视角。同时焦点解决也是一个开放的体系，它本身可以和其他流派、治疗方法相结合，兼容并蓄，博采众长，内在具有反思性。伯格是韩裔美国人，因此这个方法本身就含有很多东方文化的元素，特别是佛教、道教的元素。这个理论非常契合我们当下的状况，这也是我这些年一直学习并大力推广它的初衷。以下举例来简单呈现焦点疗法的工作思路。

这次疫情期间，我接听过一位春节前回老家过春节的女性的来电。当时她的家乡疫情有些严重，她在家隔离期间，跟她谈了三年恋爱的男朋友和她说分手。一边是隔离在家，一边是男朋友和她说分手，她就有一些极端情绪。她打电话告诉我说她不想活了，自己太痛苦了。但因为是电话干预，我们志愿者能够发挥的作用十分有限，只能以对话的方式提供帮助。我总结了一下，主要有这样三句话。第一句话，用语气词“嗯”去接纳她的情绪，比如听她的倾诉，不断重复她的关键词“难过”。第二句话，在接纳她的基础上，问她：“听起来这种情况很糟，你是怎么撑过来的呢?”来访者说她自己也不清楚，哭累了就睡了，醒来后难过就继续哭。我接着问她：“然后呢?”她说：“我不能死，我死了的话，我的爸爸妈妈、爷爷奶奶会很难过，还有我的狗、我的闺蜜，我的闺蜜每天都和我视频。我不能死，我还有好多地方没去呢，当初说了要去 20 个国家，我才去了几个……”我接着问她：“还有呢?”她停顿了一会儿自己说，其实这些年他们一直分分合合，感情一直处于波折状态。第三句话，在电话接近尾声的时候，我问她如果疫情结束了回到上海，她有什么打算。她说自己也不知道，但是肯定要回上海工作，她估计父母会陪自己一起，去把门锁换了，把那个男生送自己的“破玩意儿”扔了，等等。

我刚刚讲的是一个片段干预的过程，实际的干预要比这个慢、更费时。但我们可以通过这个过程看到，来访者的注意力、关注重点已经有所改变。在将近一个半小时的电话沟通结束以后，她的自杀念头无疑已经减轻了。所以在一般的危机干预模式中，我们的干预者习惯用大量的时间听当事人阐述问题。但是因为问题很复杂，短时间内我们也搞不清楚，特别是在进行社区心理服务时，人手少、工作量大，我们有时间和次数限制，用传统的方法显然不能完全解决问题。因此我们找到了焦点解决这把快刀。焦点解决的创始人之一沙泽尔说：“谈论过去，尤其是挖掘有问题的过去事件及原因，是不利于问题解决的。”问题越谈越多，解决办法也是越谈越多。如果一直围绕着问题谈，来访者就很容易一直沉浸在比较负面、悲观的情绪中，情绪会越来越低落，眼泪会越流越多。但是如果我们去讨论解决办法，就能在他的内心中唤醒一点点希望感。就像在风雨中飘摇的蜡烛，我们用手围罩住了它，它就能慢慢地燃烧下去。

第一节　焦点解决法如何用于危机干预

对于危机，一直以来有两种看法。一种认为它是实实在在的困难，如天灾人祸构成了危机；另一种认为危机是在经历过这些天灾人祸后，个体自身的一种“解体”状态，比如出现恐惧、害怕、悲伤等情绪，以及由此带来的对生活失去希望，出现自杀等想法、行为。在这里，我们称前一种为创伤性事件，后一种为危机。可以看出，危机是一种应激环境中的状态，是一种情绪反应。

第一，危机是来访者主观的直觉和感受，而即使是对同一事实，每个人的反应都不同，极端点说，危机与现实并不直接相关，个体体会到的危机是个人对事实进行建构的结果。图 7－1 是一幅很有名的图画，是社会建构经常用的一幅图，叫鱼牛图。一只青蛙从池塘里跳出去，回来后告诉那条鱼，说它出去见了大千世界，真的很奇妙，它竟然见到一头奶牛！鱼就问它奶牛长什么样，青蛙告诉了鱼，然后鱼画了一幅画。大家可以看到，我们每个人都是根据自己的经验去建构外在事实的。

图 7－1　鱼牛图

亲人去世，大家都很悲伤，可悲伤都是一样的吗？根据建构论的观点，每个人的悲伤无疑是不一样的。久病在床和突然离去这两种情况给家属带来的心理创伤完全不同，所以我们要重构意义，化解险情，这和秉持着社会建构论的焦点解决不谋而合。焦点解决法认为，事实是被“发明”的，是被人们赋予意义的，每个人所感知到的现实都不尽相同，没有绝对的固定不变的客观现实。我们的工作目标的重点就是要改变他的看法、感受，因为现实可能是无法改变的。

第二，焦点解决法认为，危机中的案主拥有自然的复原力，也有力量、有智慧、有经验去改变。我们有一种不可救药的乐观，有一种天然的自信。这和焦点解决法的人性观是相关的——一个人可以被过去影响，但是不会被过去决定，这一点也特别符合东方文化。比如儒家讲“人性本善”，佛家讲“本性具足”，道家讲“祸兮福之所倚，福兮祸之所伏”。在我们的文化中，危机两个字从来都是有危有机，一方面它代表了危险，另一方面也代表了机会。

第三，焦点解决法认为，干预的重点在于聚焦与危机同存的应对策略和内外资源。比如以下案例：一位女士因丈夫遭遇突如其来的车祸而情绪一片黑暗，就像太极图中的“黑”色那部分。她只看得到那些负面的东西，如车祸现场的惨状、她自身抑郁的情绪，以及在诉讼调解过程中或现实生活中的一大堆难题，她觉得自己整个人置于麻烦中。我们要怎么做才能帮到她？我们要做的是从中找到那一点点“白”，那一点点“白”可能是其闺蜜、好友，或者是保险公司的部分赔付，或者从她自身的力量部分出发，她需要去照顾公公婆婆和年幼的女儿，需要为她的丈夫办理后事等。如果我们把有力量的“白”放大得越来越大，就会发现神奇的事情发生了，太极图成了双鱼图的另外一半，“黑”自然越来越少。所以说，干预的重点在于聚焦其应对策略和内外资源。

第四，干预的方案在于接纳案主的负面情绪，采用“身后一步引导”法，用一小步的行动去推动转化。

第二节　焦点解决法用于心理危机干预

当一个来访者带着问题来，带着抱怨来，带着情绪来，我们更多看到的应该是他背后的期待和梦想，并把它建构成本次咨询的目标。从目标出发，寻找来访者身上的例外，那些标志着他有资源、有力量的例外，他的优势、他的方法，都是属于来访者自己的资源。在此基础上，以探寻的语气和赞美的姿态去询问来访者，他接下来能采取的第一小步行动是什么？这就是焦点解决法最简单的架构、目标、例外、一小步。

下面是我前两年进行火灾灾后救助时的一个案例。

小李，公司职员，上海人，单亲家庭长大，婚后育有一子，2岁。一年多来，小李总是闷闷不乐，为此丈夫特意休年假，两人一起出国旅游，母亲留在家里照顾小外孙。一场突如其来的大火，让小李的母亲和孩子不幸遇难。丧事处理完后，夫妻二人仍难以接受，小李时常默默流泪，有时会用头撞墙，把自己关在卫生间里不出来，丈夫撞开门后发现她拿着一把水果刀试图自杀，于是丈夫赶紧带她来咨询。

面对这样一个案例，如果用焦点解决法，我们该怎么做？

步骤一，引导来访者建构其希望的咨询目标。这个步骤包括三部分：① 正向开场，开门见山；② 由负转正，重新建构；③ 奇迹假设，直奔目标。

比如正向开场，我们可以这样问：“小李，你今天感觉怎么样？

你希望我怎样帮你呢?”来访者沉默。我等了一会儿又问:“来到这里，对很多人来说都很不习惯。你爱人陪你过来，他希望你有什么改变?”(需要注意的是，咨询师没有用“老公”，也没有用“送”，而是用“爱人”和“陪”。它们是不同的。)来访者沉默了一会儿，说:“他害怕我做傻事，我真想死了算了。我妈和儿子都被烧死了。”我回应她说:“嗯，他担心你做傻事。”这就是一个简单的社交开场，我们要让来访者感到放松，而不是感到局促或尴尬。我们可以好奇地、关切地去询问来访者，同时用一般化的语句，比如“来到这里，对很多人来说都很不习惯”“你希望我怎样帮你”。后面这句是一个直接寻找目标的句子。

我们还可以采用第二种方法，由负转正，重新建构。由于来访者不一定能直接说出他的目标，因而我们除了用一般方法去接触他的情绪外，还可以做一些重新建构，即把他的负向情绪转为正向目标。每一种特定情绪的背后，都可能有一种正向需求，或一种期待，因为凡事不只有一面。比如来访者抱怨孩子在家里多动，正向的一点可能是孩子相对比较敏感;比如来访者抱怨自己很焦虑，正向的一点是这可能体现了他对任务的重视，因此才会焦虑;比如来访者说她的丈夫去世了，她很悲痛，我们可以把它建构成什么?可以建构成，因为你们的爱很深，你用情至深，所以你才感觉悲痛。

咨询师告诉来访者:“即使你已经痛不欲生，但是你依然时刻牵挂着你的爱人。你对孩子和妈妈的离世很痛苦，但你还是会顾及你爱人的情绪。”

来访者说:“是啊，要是我也走了，他怎么活下去啊?”(这就是正向的体现。在这种极端的情绪下，她还是牵挂着她的丈夫。)

咨询师说:“是啊，所以你想结束的是痛苦，而不是自己的生命。”

来访者说：“他现在只有我了。”

咨询师接着说：“我还不完全了解你们遭受的苦难，但是我确信你们的爱很深，都在为对方考虑、担忧。”（这是一种赞美，即我不了解你，因为我不是你，我不能完全体会你承受的苦难和痛苦，但是我看到了你们夫妻之间的感情很深，看到他在为你担忧，你也在顾及他的感受。）

来访者说：“都是他照顾我和儿子……”

她很快又掉进悲伤的情绪里，没关系，我们后面还可以继续问。这里我们用的就是重新建构的技巧。重新建构在许维素（2013，2018）的书里有大量的问句和大量的关联词，这与我们东方文化很契合。比如，我们常用的建构“虽然……但是……”，如“虽然你很难过，但是你坚持完成了任务”；“我不确定……我确定……”，如“我不确定你什么时候能够走出来，但是我确定你一直在努力”；等等。我们通常用得最多的一句话是，“你一定有一个重要的理由”。这句话有很强的预设，其潜台词是，你是理性的，你很聪明，你的行为不是盲目的行为，你并不是冲动，只是没办法，你已经思考过了。

咨询师问道：“关于这个，你可以告诉我，割腕对你有什么帮助吗？”“让我了解你是怎么在这种情况下熬过来的，是什么让你在这样的情况下仍然坚持这个目标？你今天这样做，一定有一个重要的理由。”来访者会说：“是啊，要不是我出去旅游，我妈和我儿子就不会死。我真糊涂啊，我对不起他们啊。”当我们这样问的时候，就没有站在一个比来访者更高的位置去硬拽她，而是站在她的背后，甚至比她的位置更低。我们好奇地去问她“到底发生了什么事？你是怎么想的？”就是运用一些技巧，进行重新建构。

第三种方法，奇迹假设，直奔目标。即假设问句，确定目标。我们可以用奇迹问句去做一个目标的设定。比如，我们假设问题解决了，那会怎么样？因为无论是假设问句还是奇迹问句，都是导向未来的，都是创造一个机会，让来访者离开当下的情绪泥潭。情绪的泥潭就像沼泽地，会让人越陷越深。我们把她抽离开，用“直升机”把她带到目标解决的地方，那是来访者最希望去的地方。比如我们问来访者：“看来你想要结束的是痛苦，而不是自己的生命。”来访者说：“是的，我很痛苦。”咨询师说：“假如有一天悲伤减轻了一点，那时你们会是什么样呢？”来访者说：“可能吗？不可能的。”咨询师：“是很难呐，假如痛苦依然存在，但你自己又恢复过来一点，你俩会有什么不同呢？有什么打算吗？”来访者说：“至少不会像现在这样乱糟糟的，我要先去买块墓地，把我妈和儿子落葬。我昨天还想过他们的墓志铭要怎样写……”（当我们用这样的问句时，来访者就能够思考一些除了悲伤以外的其他问题了。）

当然，除了假设问句，焦点解决中，最有特色的就是奇迹问句，即第四种方法——超越奇迹，孕育希望。奇迹问句是伯格在一次偶然的机会下发现的问话方式。其问话方式是，把来访者立即带入奇迹的状态、仿佛被催眠的状态。我们可以用比较缓慢的语速说：“现在我问你一个奇怪的问题，假如你晚上在睡觉，整间房子里静悄悄的，一个奇迹发生了，这个奇迹使你到这儿来的问题已经解决了。但是因为你在梦里，所以并没有觉察到有什么奇迹发生。当你第二天醒来的时候，你会发现自己有什么不同吗？”这样问有什么好处呢？这里创造了一个想象的情境。在以前的课堂上，我经常提到，人类和动物最大的区别是什么？就是人类会想象，在想象的过程中还会用语言把想象建构出来。想象对我们来说很重要，通过这个想象的过程，我们可以给来访者赋能。“我知道你很想念过世的妈妈，当你闭上眼睛时，你会想起她什么？虽然你很难过，但想起她的好，对现在的你有什么帮助吗？”这些都是假设问句、奇迹问句的问法。

步骤二，我们要更多地寻找来访者拥有的力量和资源。我们经常用的一个问句是应对问句，这是我们用来提升当事人能量的最好的一个问句。当我们从那些比较细微的，但又确确实实存在的、不可否认的成功之处入手时，我们就启动了来访者自身的资源。我们找到他们身上自带的光，让他们找到些许希望和掌控感。特别是对于那些经历过重大危机事件的个案来访者来说，他们不习惯去谈、去叙述问题，不习惯把自己的苦痛呈现给别人，不习惯一遍遍地重复描述危机事件有多么恐怖，而他们在这个过程中有多么无助和崩溃等。

还有一点，之前的讲座里也有老师讲过，就是幸存者的内疚。理解幸存者的内疚，我们就能理解来访者为什么要不断去讲述事件过程。在这个过程中，来访者希望别人看到自己的那些苦痛。如果我们能够在充分理解和接纳的基础上，问一些应对问句，就能使来访者增加对自己的掌控感。

比如在上文来访者小李的个案中，咨询师问：“是什么支撑你来咨询室的？你一直在家里重复割腕自杀，你是怎么挨到现在的？这一关对你们俩来说都很难过啊，这些天你们是怎么熬过来的？”小李说：“他白天一直在忙各种事，亲戚朋友都来看我们，我也坐在那里，但脑子里乱哄哄的，有时一片空白。”咨询师又问：“还有呢？”小李说：“我一闭上眼睛就想起他们，然后就忍不住哭，哭累了，实在吃不消了，我就睡会儿。”咨询师又接着问：“嗯，你哭累了会去睡会儿。还有呢？”小李说：“我夜里醒了又难过，睡不着，我就抱着儿子的小熊玩偶，上面有他的味道，这样我就能再睡会儿。”问到这里，请想一想，来访者是不是单纯一直坐在那里哭？一直在情绪里面？不是。她至少知道两点：第一，她知道哭累了吃不消，要去睡会儿；第二，她知道夜里睡不着，但难过又想睡的时候，可以找到儿子的小熊玩偶，小熊上有儿子的味道，她知道这个方法能够让自己睡会儿，这比我们教她正念、数羊、腹式呼吸来让她入睡更实用。这就是属于她自己的独家应对办法、力量和资源。当然，我们还可以问一些应对问句。比如，“你是靠什么活到现在的呢?”“你是怎么坚持到这里来的?”“你是怎么坚持让事情没有变得更糟的?”“你是怎么持续努力挽救自己的生命而没有放弃的?”“以前陷入低潮时，是什么力量最后拉回了你?”“当自杀的念头来临时，你一般会怎么做?”“你是怎么熬过来的?”“你是怎么让自己冷静下来的?”我们再回到之前那张太极图里，我们找到太极图中黑色那部分中的白，哪怕“黑”成一片，“白”只有针眼大，我们也要把它找出来，因为这是属于来访者的力量和资源。

步骤三，推动、助力来访者采用更小一步的行动，迈开行动的一小步。也就是说，在滚雪球效应里，我们要推动来访者启动第一步的雪球，小雪球要先滚起来。如果能够先滚动一个小雪球，那么小雪球会越滚越大，直至后来成为一个大大的雪球。

我们经常会用一些评量问句，评量问句又叫刻度化的问句。其实这个大家都会，就是打分。有人问我：“老师，就是打分吗?”我说：“是的。但是，请记住，打分是让来访者给自己评分，而不是别人给他评分，因为他比我们更了解他自己。在评量的基础上，我们去推动他的一小步的行动。”

比如在小李的个案中，我们应该怎样做?我们之前说：“如果1分表示你可能随时会结束自己的生命，10分表示奇迹发生，那么你今天来谈话的时候是几分?”“我们现在要做些什么才能不往下掉分，才能让自己前进一点点?”“需要做些什么才能减少结束自己生命的念头?”我们之前问她:“如果10分代表你现在能忍受目前的痛苦,1分表示你难以忍受,你觉得应该给自己打几分?”来访者迟疑了一会儿,说:“如果我一个人的话,估计也就1分;如果他陪着我,可能会有3~4分。”咨询师接着说:“你俩在一起就会好一点,对吗?还有吗?”来访者说:“总要为他们做点什么吧?”咨询师说:“可以做什么呢?”来访者说:“老师,你觉得超度有用吗?我想给儿子买一堆玩具烧给他,原来他想要的很多玩具我都没有买给他。”咨询师说:“买一堆玩具是可以的。”然后又问:“如果可以为你母亲和儿子做超度,可以烧一些东西给他们,那样的话,你会打几分?”通过这个过程,我们可以看出,我们让来访者给自己当下的状态做了评量。同时,我们又问她,你怎么让自己相信自己值这个分数?这是她的资源部分、力量部分,让她想想自己有多少资源、有多少力量。然后,我们又问下一句:怎样能够让自己前进一点点,可以做点什么?怎样提高到3~4分,或者提高到1.5分?来访者想了半天说:“我可以去做超度。”当然,这是她自己想到的、能够做的事情。无论是在危机干预、子女教育还是在其他个案中,我们要永远记住,只有来访者愿意做的、想做的事,他才有意愿去做。

我们还有一个技巧,叫关系问句。通过关系问句,让来访者从他的现实社会关系中,特别是通过他人的眼光和不同的视角来寻找支持者、提供期待、见证改变。我们要了解当事人的重要他人,如家人、朋友、老师、闺蜜等对当事人改变的看法。然后,通过关系问句,推动他从不同的视角看到自己的改变,看到自己改变后给别人带来的改变,在互动中自己又有什么改变。所以,焦点解决、社会建构非常重视社会关系在咨询中的重要性。比如常见的一些问句:在这个过程中，谁帮助了你？你这么做会给孩子什么示范？你的爱人如果看到你这么做，就会知道你开始从危机中走出来了。有没有谁相信你一定可以走出来？你的家人有没有告诉你，你的改善让他们松了一口气，你注意到他们的反应了吗？如果我是你养的那只狗，我会看到你有什么不同？这都是在切换不同的视角，通过叙事的方式帮助个案看到自己的改变，看到自己的力量，看到自己的资源，也看到自己如果采取行动会带来什么效应。这时，我们去帮助他、推动他，就可以采取更多的行动。

第三节　用于心理危机干预的案例分析

一、评估风险与评估当事人的资源

对于所有的干预手段，我们都会做危险性评估，我们要评估当事人自杀的企图，以及有没有生命危险。也要评估当事人已经丧失的社会能力，比如常评估的知（知觉、意识、注意力、记忆等）、情（情绪、情感状态等）、意（认知模式、观念特点等），还有他的生活能力、饮食起居、喜怒哀乐，等等。这里要特别注意，除了重视风险评估以外，焦点解决更多地要看到那一点“白”，我们更多地要评估当事人本身的资源。比如我们会问，你目前想到自杀的比例有多高？在面谈之前是几分？怎么降下来的呢？如果 1 分代表你可能随时结束自己的生命，10 分代表你完全放下，你现在是几分？这也是一个评估的过程。

二、遵从当事人的节奏，缓慢进行

整个焦点解决问句的预设性都比较强，但在实际做的过程中，我们会很慢。有人会误以为焦点解决直奔目标、简单、快速，但如果那样的话，其实很容易给来访者一种强拗、硬拉、硬拽的感觉，这其实是心理危机干预中的大忌。在整个过程中，我们要配合或遵从当事人的节奏，慢慢地进行。如果来访者一直不讲话怎么办？如果一直不讲话，我们从焦点解决的建构角度会认为，他可能还没准备好，他可能现在还比较混乱，所以我们能做的就是陪伴，或间歇性地给一些安慰。如果来访者相对比较退缩、不太愿意说话，我们就要注意我们的非言语表情，比如可以表达一些关心，可以跟他同频呼吸，可以身体前倾表达关注，等等。这些都是我们会运用的一些技巧。总之，我们要遵从当事人的节奏，缓慢进行。

三、在背后一步引导，用尊重去孕育希望

我们要在真正接纳来访者的基础上，不是站在来访者前面，也不是跟他并肩走，更多的是站在他后边，轻敲他的肩膀，轻轻地转动方向，从牛角尖里把他慢慢地拨出来，让他体会到咨询师对自己是理解的、接纳的，甚至有一种被佩服、被欣赏的感觉。然后，来访者就会愿意跟着咨询师的问句来思考问题。比如，上文案例中的女生来电时表示，她有自杀意念，也有自杀计划，她的家人有恐惧感。但是，咨询师没有强行给她提建议、开方子，也没有给出其他的比如休假等建议。我们只是问她：你有什么办法？你接下来怎么办？

四、要面对他、欣赏他、赞美他、祝福他

咨询师要面对来访者的情绪，欣赏来访者的应对。焦点解决法相信，尽管处于危机中的当事人平时已经很沮丧、很悲伤了，但即使在这样的生活中，他肯定也会有一丝一刻、哪怕几分钟相对比较平静的

时候，他也采取过有效的行动。当然，我们至少可以肯定来访者并没有完全放弃，因为他现在还站在我们面前，他没有完全放弃自己的生命、对未来生活的美好向往、对生命的留恋。我们要面对他的情绪，接纳他的情绪，在此基础上欣赏他的应对；我们要把那些点提出来，用赞美给他赋能，所以叫作赞美他、祝福他。赞美其实是焦点解决的核心思维，它通常会让处在危机冲击下的当事人觉得放松，甚至会把情绪充分宣泄出来。因为当我们赞美他的时候，我们的位置比他低，我们是仰望他的，他才能渐渐挺直自己的腰杆。对于焦点解决中的赞美，我们有专门的课程，赞美有多种形式，我们把它分为直接赞美、间接赞美和自我赞美。

赞美可以用直接的语言，也可以用非语言的鼓励来进行。我们可以拍拍他，可以采取一些身体接触或其他方式，也可以用夸张一点的技术（振奋性引导），比如用“是吗?”这种很惊讶的语气，表达我们对他的欣赏。当然，我们用得最多的还是那几句话：“你是怎么做到的?”“你是怎么做到在情绪这么混乱时，还想起来给我们打电话的?”“你是怎么做到已经举起刀还是把它放下了?”“你是怎么做到已经爬到天台上几次了，还是让自己下来的?”甚至在实际做咨询的时候，我们会用到纸和笔，当来访者讲到一件我认为特别不容易的事情时，我会说“你慢一点、慢一点，让我记下来”，以凸显这一点对咨询师很重要。这其实对他本人来说也是一个强化和暗示，我可以让他再讲一遍。通过这些办法面对他、欣赏他、赞美他、祝福他，我们就能有效地给来访者赋能。

一个处于危机状态，或在危机过后，或在大灾大难后的来访者，其能量相对较低，我们可以通过问句的方式逐渐把他扶起来。我们看到他情绪背后的正向需求后，就跟他一起商定目标，使他通过问句找到属于自己的应对方式、例外的时刻，帮助他发掘属于自己的独家方法、个性化的方法，找到属于自己的真正的现实中的资源，当然这些资源都是他自有的。然后，我们要推动他找到自己接下来可以行动的一小步、他的行动计划。这里，目标是他的，方法和资源是他的，行动计划也是他的。当然，成功的喜悦和荣耀也是他的。那我们能做什么呢？我们能做的是祝福他。因此，在后面咨询的时候，我们要更多地祝福他，探寻他的改变，探寻他是如何走过来的。

第八讲　生命意义的重建与自杀预防

程明明[①]

第一节　疫情后生命意义的重建

这几天我们关注最多的是：昨天，来自全国多个省市的去武汉抗疫的 3 000 多名医护人员，从武汉安全撤离了。我在微信朋友圈里看到了播放量超 10 万人次的一个视频，题目为“谢谢你们为我们拼过命”。视频中，一位医生的话令人感动不已，他说：“武汉真的挺难，但我们国家都扛过去了。”虽然这位医生戴着口罩，但这掩饰不住他的泪水。

毫无疑问，我们国家在武汉最困难的时候做了最暖心的事。但从一位在武汉抗疫 30 多天、经历无数生死的医护人员的口中听到“武汉真的挺难”这句话时，我们就更能体会到这背后隐藏了多少生与死的故事，这个创伤是难以想象的。我们曾经以为，死亡距离我们很遥远，总是把那些重要但不紧急的事情一推再推。当生命处于危机中时，我们或许才有机会看到生命中最有价值的东西，这就是生命的意义。

对于意义的重建，我想我们需要了解三个问题：第一，意义为什么需要重建？第二，意义是什么？第三，意义怎么重建？

一、疫情之下生命意义重建的意义

新冠疫情发展到今天，已经平稳了许多。疫情结束后，我们又能

---

① 上海大学社会学院社会工作系副教授。

穿梭在城市的大街小巷，也能坐在办公室的椅子上谈笑风生，或许还能吃上久违的热干面，然而隐藏在内心的那些曾经的恐惧、愤怒、悲伤，真的随之消失了吗？对于这个问题，我想每个武汉人、湖北人乃至我们所有人都会给出同一个答案：不太可能，甚至是太不可能。因为这场新冠疫情给武汉、给湖北甚至给全国人民都带来了不同程度的创伤。疫情中有人说："我真的不行了。"也有人说："我有抑郁症，但没有药了。"还有人贴出了自残的照片，用激烈的方式向外呼救。有的人永远离开了，却不是因为感染病毒。曾经有一项针对香港SARS幸存者的调查显示，幸存者中，心理功能不健全的超过40%。因此，这次疫情结束后，我们要特别留意创伤后遗症，因为痛苦是真实存在的，而且连绵不绝。疫情打乱的不仅是我们的生活秩序，还有价值系统。疫情中那些突发的丧失，在短时间内粉碎了丧亲者理想中的世界，也瞬间毁灭了他们曾经对未来的憧憬。生活秩序在疫情后很快就可以重建，而这些心里的痛苦和悲伤则需要一年或几年，甚至是余生的时间来自愈或治愈。所以，我们不仅要说"武汉加油"，还要说"武汉哭吧哭吧不是罪"。悲伤没有眼泪就会成为抑郁，若哭不出来，这种命运所致的痛苦就会全部内化入心，进入我们的潜意识，从而变成根深蒂固的症结，甚至可能会致命，导致自杀。面对疫情带来的创伤，哀伤辅导不仅是针对个体创伤的疗愈，也是针对集体创伤的疗愈。因此疫情后，心理重建的重要任务就是个人、集体的社会价值与生命意义的重建。以丧亲后与生命意义有关的研究为例，在一项针对机动车事故中失去亲人的丧亲群体的样本中，有32%的死者配偶和52%的死者父母表示，他们仍在试图寻找失去亲人的意义。另有学者调查显示，有婴儿猝死经历的父母中超过86%的在丧亲后几周内持续地寻找意义；五年前因为意外、凶杀或自杀而失去孩子的父母中，绝大多数承认自己一直在寻找自己生命的意义。这些研究都证实了，在丧亲之后寻找意义的行为是普遍存在的。当死亡的方式是突然的、不合时宜的或是暴力的情况时，丧亲者需要一个长期的过程来理解死亡的意义。

二、丧亲对于丧亲者个体的影响

第一，丧亲残酷地中断了丧亲者与逝者的依恋关系和叙事的连贯性。丧亲使得丧亲者生活中“重要他人”的位置出现空缺，同时使丧亲者与逝者之间的叙事故事戛然而止，没有人能够见证和续写他们之间共享的这段独特岁月。尤其是对于失去了生活依赖或者心理依赖的丧亲者而言，如丧亲的未成年人、鳏寡孤独者和老年人，丧亲会导致他们的生活无依无靠、经济窘迫、情感无法寄托，所以这种破坏是灾难性的。

第二，丧亲破坏了构成人们意义世界的核心信念。现实生活中，人们都有一个支撑自身意义世界的核心信念，并以此来彰显自我价值，它贯穿于人们的自我叙事中。而一旦失去挚爱的亲人，人们的观念，如人是善良的、世界是安全的、生活是可控的等，就会被颠覆。此时原有的核心价值信念将陷入一种危险的境地，甚至转而发展为认为这个世界是邪恶的、生活是无意义的、自己是不值得被爱的、自己不值得获得好的东西等。有研究称，相比于能够感知世界的意义和自我价值较积极的丧亲者，对世界持有消极信念或低自尊的丧亲者会有更多悲伤症状。当丧亲者体验到不安全、不可控因素带来的强烈负面情绪并陷入混乱和痛苦中时，他就不得不重新思考自己存在的意义，通过改变个人的信念、行为和态度来适应丧亲。

我们来看这个案例：妻子去世，万念俱灰，我该怎么走出越来越强烈的自杀想法？

我们相识5年，结婚3年，她病了2年，30天前，她离开了我，离开了这个世界。5年来，我们有过快乐，有过悲伤，有过幸福，有过愤怒，有过希望，有过绝望，有过麻木，有过悲哀，有过愧疚，有过无助，有过怨恨，有过爱怜，亦有过悲悯和无力。最后，一切情绪都化为深深的痛苦。那种痛苦依旧让我心碎，让我每天不知何时就会泪流满面。直到此时，我依旧难以接受她的离开，所有的点点滴滴，不断在脑海中回荡。一觉醒来，还以为一切只是一场噩梦，梦醒了，她还在，希望还在。可每次醒来，那种深切的绝望都更深一分。1个月以来，我无数次想到自杀，有时我几乎要做到了。可终究还活着。或许是懦弱，或许是难舍父母。可是那种悲伤绝望的情绪越来越强烈，没有丝毫淡化。以前，她还在的时候，看着她每天受尽身体的痛苦与折磨，我心想，或许死亡对她而言亦是一种解脱。可真到了那一天，她真的走了，连我的魂也带走了。

我突然发现这个世界似乎与我没有关系了，我在这世界上再也感觉不到她，再也看不到她，再也听不到她，这是怎样的一种绝望啊！我多想她还活着，哪怕一辈子躺在床上，一辈子需要我无微不至地去照料，哪怕一辈子……只要还活着，每天能够跟我说说话，就足够了。

有时候，我会想，会不会我们的世界是颠倒的？我们所认为的现实，其实是梦境，而我们所认为的梦境，才是真实的。如果是那样，该多好。我发现我真的很脆弱，每天都会绝望地哭泣，好像所有的思念与回忆都是巨大的痛苦。很多次我都想，若是没有父母需要我，或许我已经陪她去了。无力、绝望、万念俱灰，好像失去了活着的所有意义。有时候，真的觉得自己一点也不畏惧死亡，因为活着是如此痛苦。可我知道，至少为了父母，我不能死。但那种绝望与无力如此强烈，无时无刻不在包围着我。我觉得这样下去，也许有一天我真的会选择离开这个世界，离开一切痛苦。

这位先生在描述自己的想法时多次提到了无力、痛苦、心碎、难以接受、绝望、悲伤、绝望等词语，也表达了这样的意思："1 个月以来，我无数次想到自杀，有时我几乎要做到了。可终究还活着。或许是懦弱，或许是难舍父母。""每天都会绝望地哭泣……很多次我都想，若是没有父母需要我，或许我已经陪她去了。"我们可以从中感受到他的绝望，这是丧亲带来的一种无望感、无意义感，所以这位先生在最后表示"我觉得这样下去，也许有一天我真的会选择离开这个世界，离开一切痛苦"。从他的叙述中，我们也可以看到，丧亲者在失去亲人时无力、绝望的体验会导致自杀的想法愈发强烈。而无论研究还是现实都显示，在遭遇自然的死亡、人为的暴力或者意外事件导致的丧亲打击后，人们的意义世界、生活态度、自我意识、认知方式等都会产生一系列的变化。因此，丧亲者悲伤的历程实际上是一个意义重构的过程。通过这种意义的重构，人们可以抵御悲伤、抵抗死亡的焦虑，从而降低自杀的风险、重燃生活的动力，并将个体的生命在哀伤中予以升华。灾难发生后，在未来一段时间内，我们可以做一些复原力提升训练。也有人会一直有悲伤的感受，他们在不能承受时，可能会产生自杀的想法；反之，如果在这个过程中实现了生命意义的重建，那么可能会得到又一次升华的机会。

三、理论视角：生命意义的心理学研究

在很长一段时间内，生命意义的研究被心理学家所忽视。这是因为，一方面生命意义难以概念化，另一方面它指向人类为何存在，也就是“What is the meaning of life”。直到20世纪40年代，心理学治疗大师弗兰克尔才运用心理治疗的理论，结合第二次世界大战期间自己在纳粹集中营中的经历与磨难，写出了《活出生命的意义》一书。此书一经诞生，就将生命意义从哲学领域带进了心理学研究领域，成为生命意义研究走向心理学化的一个重要里程碑。当生命意义进入心理学的研究视野时，心理学家试图将这一概念从哲学领域中分离出来。弗兰克尔首先提出了一个概念，叫“自我超越生命的意义”，后来亚隆（Aronne）也提出了“存在的意义”概念。除此之外，还有个人意义（personal meaning）、人生目的（purpose in life）、生命意义（meaning in life）等概念，这些心理学概念成了心理学研究生命意义的专业术语。与哲学上的生命意义相比，这些概念更强调人们所感受到的那些最重要的个体本身的具体价值，以及个体对人生目的或人生重要事件的价值体验。基于这些生命意义的心理学概念，同时随着主流心理学理论的发展，生命意义的理论研究从传统的存在主义心理学取向，发展到动机与人格取向，然后转向相对主义观点，再发展到最近兴起的积极性心理学取向。

存在心理学取向主要强调的是存在意义，认为人的生命就是让自己经历的人生充满意义，并担负相应的责任，代表人物是弗兰克尔。他认为，生命的意义是因人而异、因时而变的，它是个体在特定时间里感受到的特定意义。虽然每个人都在被生命追问，但是每个个体只能用自己的生命去经历、去回答，并担负责任、感应、回应，如此才

能在这个过程中找到生命的意义。而我们则肩负着去寻找意义的责任。

动机和人格取向认为，生命意义来自不断的自我实现。主要代表人物是马斯洛（Maslow），他认为，生命意义来自个体，并需要不断满足，它也来自我们不断的自我实践过程，以及经历高峰体验的过程。人们活得有意义体现在四种需要即目的感、澄清自我价值观、效能感、自我价值感中，而这四种需要正是个体寻找人生意义的动机所在。

相对主义观点取向认为，产生信念、获得意义，或者说任何的信念体系，比如对神的崇拜，都能够指导人们获得生命的意义。生命意义感就是个体对人生的积极关注，以及对人生理想和生活目标的坚定信仰。

积极心理学取向认为，生命的意义在于积极地追寻，其主要代表人物是斯蒂格（Steger）。他把生命意义定义为个体存在的意义感和对自我重要性的感知，并提出生命意义的二维模型，即现在拥有的意义和正在追寻的意义。斯蒂格认为，个体只有积极地寻找生命的意义，才能在这个过程中获得真正的快乐和满足，并真正拥有有意义的人生。

此外，来自加拿大的学者王保罗（Paul Wong）提出了意义管理的理论。这个理论认为个体存在意义管理的过程，意义管理的过程与满足人们生存和快乐的基本需要有关。通过意义管理，人们可以发现快乐的源泉和人生的希望，从而获得意义感和满足感，用来应对人生中的挫折、不幸和死亡。

生命意义理论的流变承载着西方的心理学从存在主义心理学，到人本主义心理学，再到积极心理学的历史发展脉络，且都是基于一个理论的视角。

四、生命意义的相关影响因素

当感到人生没有意义时，我们可能会产生低自尊、抑郁、自我认同危机等问题，甚至产生自杀的意念。其中，自尊是衡量心理健康的一个重要指标，自我认同危机包含自我了解与自我实现两个部分。从这个因素来看，低自尊、抑郁与自我认同危机都可能是丧亲之后引起自杀意念的危险因素。相反，当一个人觉得生命有意义时，其幸福感、生活满意度、希望感都会比较强。积极心理学认为，幸福有五个元素，包括积极情绪、投入、意义、积极的人际关系和成就。我们可以看出，意义对于人们幸福感的产生具有重要的影响。所以当我们认为生活有意义的时候，就会有较强的幸福感。

五、生命意义的评估

我们评估生命意义时通常指向两个维度，一个是生命意义感，一个是生命意义源。生命意义感是指人们在人生事件中获得意义的感受程度，生命意义源是指人们在人生过程中借以获得意义的具体事件。我们的评估通常从这两个维度展开，针对这两个维度，也有较多关于意义的标准化评估工具，接下来介绍两个评估工具。

（1）生命意义感量表。该量表应用最广泛的版本是在斯蒂格和弗兰克尔的研究的基础上进一步发展起来的。它有两个维度，即现在拥有的意义和正在追寻的意义。举个例子，现在拥有的意义包括个人的生活有很明确的目标感和个人很清楚是什么使自己的人生变得有意义。正在追寻的意义是指个人正在寻找的自己人生的意义，一直在寻找某些能使自己的生活变得重要的东西。得分越高，就说明他的生命意义感越强。这个量表是我见到的所有对生命意义感的测量最简洁的量表，现在已有修订过的中文版本，可以直接用于测量。

（2）中国人生命意义源量表（如图 8－1 所示）。该量表是我基于扎根理论，在中国文化背景下编制的，曾发表在 2011 年的《中国临床心理学杂志》上。

中国人生命意义源量表
(THE CHINESE SOURCES OF MEANING IN LIFE, C-SMIL)

维度	问卷条目
社会关注	保护环境；关心国家大事；社会的公正；先人后己；给他人带来快乐；得到他人的帮助；贡献社会；帮助他人；人与自然和谐的关系
自我成长	达到一定的目标；合理安排和管理好时间；有工作和事业（或学业）；获得受教育机会；独立思考；获得提高自我能力的机会；有人生的理想和目标；从事有创造性的活动
关系和谐	孝敬父母；养育子女；有亲密和知心的朋友；有良好的人际关系；有美满的爱情；生活在和谐的社会中
生活享受	做自己想做的事；有基本的物质生活保障；有富裕的物质享受；得到他人或社会的认可与尊重
身心健康	有健康的身体；有快乐的心情；保持积极乐观的心态

图 8－1　中国人生命意义源量表（程明明等，2011）

由于我们在临床使用该量表时花费时间较多，较难操作，所以后续我又在此基础上编制了一个中国人生命意义源的非言语测量工具，它也是经过信度与效度检验的。这个非言语测量工具很像我们所了解的瑞文智力测验，它以图片形式呈现，对于老年人或者有阅读困难的人来说相对容易。那么生命意义的评估对助人者开展辅导有什么意义？第一，我们可以了解这些意义的来源，并设计相应的辅导活动，充实个体的意义体系，而不仅仅是关注意义的一两个点。第二，我们可以用生命意义源量表来评估辅导的效果。比如我们可以通过前后测的对比来看意义感是否得到了提升。该量表是我们设计项目和临床评估的重要参考。

六、生命意义的建构

研究证明，重获意义感对于受到挫折和创伤的个体具有积极的治疗效果。这里给大家介绍两个意义建构的理论，一个是弗兰克尔的意义治疗理论，另一个是针对丧亲家庭的意义重建理论。

1. 弗兰克尔的意义治疗理论

弗兰克尔在《活出生命的意义》中特别提到了意义治疗，在他看来，每个人都有追寻意义的内驱力。开展意义疗法的基本假设有：第一，无论在什么情况下，生活都是有意义的，即使最悲惨的生活也是有意义的。第二，人们生活的主要动力是人们拥有在生活中寻找意义的意愿。第三，人们拥有寻找意义的自由。当面对不可改变的痛苦时，人们依然有自由去选择采取什么态度和方式去应对，因为这本身就是一种意义。

同时，弗兰克尔也提出了人们获得意义的具体方法，这给我们的辅导提供了一种策略。具体方法有三种：一是创造和工作，二是体验爱，三是对不可避免的苦难所采取的态度，特别提到了自我超越。后来有学者将这三个方面引申为态度、情绪、认知三个层面，并发展出了意义中心疗法（meaning-centered therapy）。后来加拿大学者王保罗基于弗兰克尔的三种方法发展出了意义管理理论（theory of meaning management）。

我们可以根据弗兰克尔的理论框架设计一些提升意义的辅导方案。比如态度、认知的转变，我怎样看待我的人生？怎么接受那些不能改变的事实？对那些能够改变的事实，如何采取积极的行动？再如情绪方面的转变，我能从生活中获得什么？我如何在苦难的生活中挖掘一些快乐？还有行为方面的转变，我能给予生活的是什么？有哪些行动可以改变生活，改变世界？这三点也是进行下一步辅导的参考框架。

2. 哀伤后的意义重建理论

该理论由美国长期研究自杀的学者吉里斯（Gillies，2006）创建，吉里斯早年一直从事自杀和自杀预防研究，后来转向哀伤辅导领域。丧亲后意义重建模型（如图 8－2 所示）假设我们所爱的人的去世会导致我们意义系统的结构与原先不一致，这种不一致感会造成一种不平衡，迫使丧亲者去认识丧亲这件事对他们意味着什么，哪些是不真实的，哪些是有意义的或是有帮助的，所以丧亲者会亲自参与寻找这些失衡的意义。

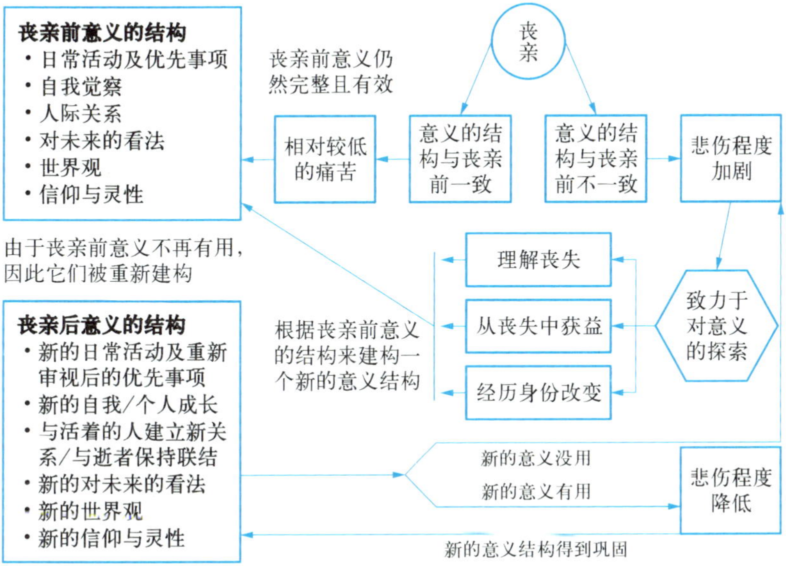

图 8－2　丧亲后意义重建模型（Gillies J. and Neimeyer R. A.，2006）

在这个理论中，影响意义探索的因素有三个：理解丧失、从丧失中获益、经历身份改变。根据该模型，丧亲者若要参与意义的重建，可以回顾、重新评估、更新或者重构意义的结构。在重建过程中，丧亲者产生了新的意义结构，这意味着丧亲者将以新的方式来看待这个世界。在某种程度上，这些新的意义结构有助于丧亲者理解他们的自身经历，减轻他们的痛苦，并将其融入他们的世界观。如若找到意义，会产生两种结果：一种结果是新的意义有用，丧亲者的悲伤程度降低；另一种结果是新的意义没用，丧亲者的悲伤程度加剧，并会陷入困境中，这时我们需要对他们进行进一步的重建。在这个过程中，如果丧亲者在生活的各个层面皆无法适当解读丧亲的意义，那么他们就有非常高的风险进入慢性哀伤和痛苦阶段。据统计，第二年会有 15%的丧亲者转为病理性的哀伤，所以在丧亲后第一年帮助他们重新构建一个生命意义的世界非常重要。

内米耶尔的意义重建模型主要基于建构主义理论发展而来。他认为，建构主义可以从一种不同的却更具有建设性的角度去理解人的哀伤行为。他提出，建构主义跟叙事疗法相结合可以非常有效地帮助丧亲者重建丧亲后的意义。也就是将事件（丧亲）融入丧亲者的自传叙述中，使其对死亡进行基于意义的信息处理。专业助人者在叙事过程中可以主导丧亲者，重新诉说在丧亲事件中被破坏的、混乱的和复杂的经历，然后组成一个完整的故事，即在建构主义的基础上实施综合叙事疗法，形成比较完整的意义重建过程。

这两个意义重建理论都针对意义建构形成了不同的模型，我们可以按照这些模型去设计哀伤辅导和意义重建的具体辅导模式。

第二节　疫情暴发后的自杀预防

疫情后我们为什么要关注自杀这一议题？我们先来看看 2008 年

汶川地震后的两起自杀事件。一起是北川的农办主任在地震5个月后自杀了，报道说他悲伤过度，因为在地震中他的独子不幸遇难。另一起是北川县委宣传部的副部长自杀了，他也有丧子的经历，他在遗书中写道："我的妻子，请你不要悲伤，抑郁是我这30年来最亲密的朋友，抑郁带走了我，也带走了所有悲伤。"他的悲伤大部分来自丧子经历，再加上他本身也有抑郁史，觉得活着实在太痛苦了，他在遗书中还写道："儿子，你离开了，爸爸就没有了未来，没有了希望，没有了憧憬。"当人们没有未来的时候，可能会选择自杀。这两起自杀事件的背后可能是压力、悲伤、无助、抑郁等。这两起自杀事件给这次疫情敲响了一个警钟，灾难过后，我们一定要加强自杀预防工作。自杀不仅是一个涉及公共健康的问题，也是一个非常严重的社会问题。自杀不仅结束了自己的生命，还会给周围的人带来非常大的悲痛，自杀率的高低在一定程度上反映了社会整合与社会稳定的情况。

一、自杀的风险因素

自杀的风险因素有以下几点：(1) 自杀企图史。即个体之前是否想过或者试图自杀过。(2) 精神疾患。在自杀事件里我们经常能看到抑郁症、精神分裂症、人格障碍、酒精和药物依赖或者成瘾等的身影。(3) 家庭支持的缺失。比如家庭功能不全也会带来一些风险。(4) 丧失体验。这次疫情后，特别要重视经济损失、地位降低、疾病或外伤，以及近亲死亡、离婚等丧失体验。(5) 自杀家族史。自杀是可能遗传的，比如作家海明威，其家族很多人选择了自杀。(6) 事故倾向性。忽视预防事故发生的必要措施可能引发自杀。比如，忽视对慢性疾病的预防或不听取医生的劝告、存在药物依赖或酒精依赖。(7) 儿童的受虐待经历。幼儿时期经历过肉体或者性虐待的人，成年后易有自杀倾向。也有学者把自杀的风险因素分成远端风险因素和近端风险因素两类（如表 8 - 1 所示）。远端风险因素包括基因方面，比如：性格是冲动型或攻击型的人，其自杀风险会增加；早期经历过创伤事件的人，以及生物学上、生理上存在问题的人，其自杀风险较其他人也较高。近端风险因素包括精神障碍、身体紊乱、心理危机，以及自杀途径的接近性等。什么是自杀途径的接近性？即人们以什么样的方式自杀。2006 年，中国自杀率最高的人群是农村妇女，她们文化层次偏低，自杀途径就是喝农药。所以自杀途径的接近性是非常高的一个风险因素。

表 8 - 1　自杀的风险因素

远端风险因素	近端风险因素
基因负荷	精神障碍
性格特点（如冲动型、攻击型）	身体紊乱
有限制的胎儿成长和围产期环境	心理危机
早期创伤性生活事件	自杀途径的接近性
神经生物学的干扰（如血清素功能障碍等）	暴露模型

二、疫情后应重点关注的人群

（1）社会底层失业者。比如这次疫情中报道了一起养蜂人自杀事件。养蜂人将蜜蜂养到一定规模后，却因为高速路被封闭无法交易，不能获取经济来源，养蜂人难以维持生计，最终选择自杀。所以疫情过后，我们要关注失业人群的情况。（2）曾有或正在经历精神障碍者。这类人群是自杀风险最高的人，也有很多自杀未遂的情况。那么上一次自杀没有成功，以后是否还会出现自杀行为？对这类人，我们一定要时时保持关注。(3) 多重丧失者。由于这类人群遭受的打击很大，因而对其的关注度要更高。(4) 缺少社会支持者。我们在开展自杀预防或者危机干预工作时，帮助这类人群进行社会支持网络的构建是重要的工作之一。

三、自杀类型

我们需要清楚自杀者会用什么样的方式自杀，为什么他们会选择自杀，这样就能对自杀有更多的了解。

案例一：

一位在安宁疗护病房的男性晚期胃癌患者，58岁，与妻子属于组合婚姻，各带有自己的孩子。他住院期间，家人不常来医院探望。他一直说自己对疾病看得开。医生对其疼痛的评估分数较高。住院不到1个月，他在医院浴室内上吊自杀。

案例二：

一段拍摄于2019年4月17日的上海南浦大桥监控视频显示，在车流中，一辆白色小轿车打着双闪停在路中，一名女子从轿车左侧进入主驾位置。数秒钟后，一个男生从轿车左侧走出，然后快跑至桥边纵身跃下。女子紧随其后，试图将其拉住，未果。

案例三：

2020年3月3日，据Buzz世界网站报道，一名韩国女子在印度尼西亚时感觉自己身体不舒服，就自我怀疑，认定自己感染了新冠病毒。她看到病毒这么厉害，而且自己已经57岁了，感染后也不容易治愈，很怕传染给家人，于是做出了轻生的选择，在入住的酒店里自杀，但警方对其进行尸检后发现，她并没有被感染。

案例一属于逃避型自杀。案主是一位58岁的男性晚期骨癌患者，骨癌是非常疼的，医生对其疾病的疼痛评估分数也很高。住院期间，这位案主一直表示自己对疾病看得开，和我们交流时表现得比较乐观，说自己可以挺过去。然而，住院不到1个月，他就在医院的浴室内上吊自杀了。这属于逃避型自杀，希望自己能够逃避这种痛苦。

案例二属于冲动型自杀。实际上，这是一个妈妈和大学生儿子在车里吵架，大学生情绪失控，所以做出了轻生的选择。该案例属于冲动型自杀，发生很快，让人难以及时反应。

案例三属于利他型自杀。这名韩国女子认为自己可能感染了新冠病毒，觉得自己年龄很大，感染后很难治愈，又不想回去传染给家人，就在酒店里自杀了。这属于利他型自杀。

除此之外，还有求助型自杀、慢性自杀等。在求助型自杀的情况中，多数人并不是真的想自杀，只是想通过这样的方式引起其他人的注意。如果我们在这种状况下做好自杀预防，就能够有效阻止自杀行为的发生。慢性自杀就是因酒精、药物、烟草等药物滥用而引起的自杀，主要由生活方式不当引起。

四、自杀机制与征兆

有两位学者在《柳叶刀》杂志上提出了一个综合因素的自杀模型。该模型显示，自杀行为的产生并不是某个单一因素在起作用，而是多个因素的累加，但其中一个因素会起到关键作用。由于每个自杀事件的主角不同，关键因素也会有所不同，因而会导致不一样的结果。而一个人选择走向轻生之路，当时必然存在很多令其痛苦、无助甚至绝望的因素，比如身体疾病、心理问题、精神障碍、生活压力、人际冲突、丧亲、遭受暴力、被羞辱侮辱、经济困难等等。当几个不良因素在某个时间内涌向一个人时，个体可能会无法承受，从而产生自杀的念头，甚至上升到行为。但时过境迁，再回看当时的情景，我们经常会发现当时处于这种情况下的个体其实并没有到山穷水尽那一步。研究与事实也证明，自杀是可以有效预防和干预的，我们能够提供给自杀者“柳暗花明又一村”的那一幕，但前提是我们必须了解自杀的征兆。实际上，大多数自杀者在“产生自杀意念—发展自杀企图—实施自杀行动”的过程中会发出一些求助的信号。如果我们能看到这些直接或间接的信号，就可以开展一些有效的预防工作。

埃文斯（Evans）和法布罗（Fabro）指出，自杀的念头主要以四种方式表现出来：(1) 直接的语言。自杀者很可能会谈论自杀，比如在网络上讲自己要去自杀，或者说出一些直接的言语，如“如果你离开了，我就自杀”等。（2）间接的语言。自杀者可能不会直接提及“自杀”，却表示生活没有意义。比如我们接触过一个案例，一个有多重丧失的大学生打电话来求助，在沟通过程中说到自己活着没有意义，同时对自身评价较低。在这种情况下，虽然他没有提到自杀，但我们需要评估其自杀风险。对于风险评估，我们要从自杀意念、企图、行为三个方面进行。该案例中的大学生虽然没有采取自杀行为，但他表示活着没有意义，下一步就有可能采取行动。（3）直接的行为。比如一个患有慢性病的人囤积安眠药，因为安眠药达到一定量时足以致人死亡。(4) 间接的行为。主要包含以下要点：第一，将自己珍爱的东西送人、立遗嘱或者专注于其他“身后”的安排，好像在安排后事；第二，突然又极端地改变饮食习惯或者睡眠方式，比如翻来覆去难以入睡；第三，回避朋友和家人，或有其他重要行为的改变，或伴有抑郁情绪，抑郁和悲伤等过多负面情绪的积压可能会让个体难以承受；第四，在学校或工作岗位上的表现有所改变；第五，性格改变，如变得紧张不安、怒气爆发、不关心健康、不修边幅等；第六，滥用药物或者酗酒。这些间接行为实际上都是自杀高风险的提示，需要我们更多地予以关注，同时也要从这些方面做预防。

五、 自杀预防的模型

我们来看图 8 - 3 的自杀预防模型。提出这个模型的学者认为，导致自杀压力出现的生活事件和一些情绪或其他精神障碍会共同作用，以致个体产生自杀意念。从自杀意念的产生到自杀行为的实施这一过程中，还有一个自杀的企图。而企图实际上会有不同的节点，我们可以针对不同节点来开展预防工作。这些预防工作被分为从 A 到 G 共七步，分别为教育和宣传项目、筛查高危人群、药物疗法、心理治疗、自杀企图的后续照料、限制获取自杀的途径、媒体如何报道自杀的指南。

就其具体应用而言，比如在情绪或者其他精神症状开始出现时，我们从 A 到 E 这几个阶段都可以去做一些介入，开展预防工作。在自杀意念出现时，我们需要筛查高危人群，评估其是否有自杀企图和行为。还有一些针对影响自杀行为的因素（包括冲动性、绝望或悲观、获取自杀的途径、限制等）开展的预防工作。其中“限制”是指影响媒体如何报道自杀事件，这点其实非常重要，因为媒体的正确引导可以降低一些自杀事件的风险。

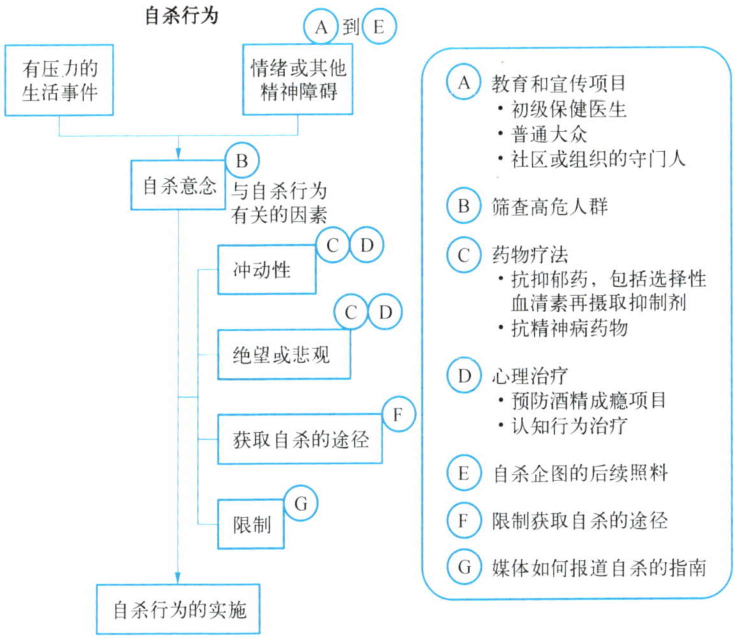

图 8-3 自杀预防的模型（Mann J., Apter A., Bertolote, et al., 2005）

综合来看，这个框架模型可以兼顾每个节点的预防对策，所以它比较适合机构或政府在中观层面上开展预防工作时使用。

自杀具有一定的传染性和模仿性。在同一地点，可能会有多个人采取自杀行为，比如有些人选择在长江大桥上跳桥轻生，所以有时那里会有专门的志愿者做一些介入来预防自杀，美国的金门大桥也有这样的情况。由于自杀行为具有一定的模仿性，所以我们可以针对相关情况采取一些自杀预防措施。世界卫生组织提出，自杀是一个非常复杂的问题，它既是一个公共健康问题，也是一个社会问题，所以预防自杀需要众多部门的协调与合作，目前没有任何单一方法能够有效处理这一复杂的问题。疫情之后，我们须运用专业知识来预防自杀，这不仅是专业助人者的责任，社会、国家也应该采取一些措施来预防自杀事件的发生。

第九讲　在创伤中成长

刘新宪　苏细清

第一节　创伤后成长的基本概念

我们先回顾一下正常哀伤的过程，如图 9-1 所示。该图向我们简洁地阐明了在哀伤过程中，人们如何从急性哀伤阶段通过适应过程进入整合性哀伤阶段，也就是如何在创伤中成长。

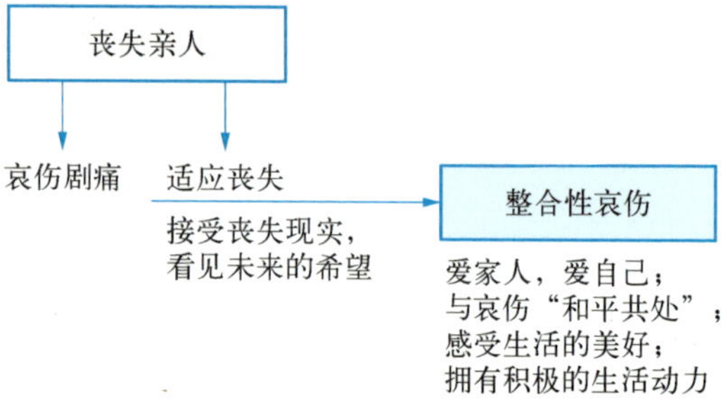

图 9-1　正常哀伤的过程

失去挚爱的亲人，丧亲者会经历急性哀伤期的剧痛。同时，丧亲者需要一个适应的过程走过急性哀伤，逐步进入整合性哀伤状态。“适应”包含两个核心部分，一是能够接受丧失的现实，二是找到未来的希望。当我们做好这两个方面的“适应”之后，就可以进入整合性哀伤状态。也就是说，虽然哀伤依然存在，但是我们能够与它“和平相处”，丧亲者虽然有哀伤，但依然可以深爱已故亲人，爱家人，爱自己，爱他人，并在感受到生活美好的同时，拥有积极生活的动力。通过以上过程，丧亲者就在经历创伤后获得了成长，这就是创伤后成长（Post-Traumatic Growth，PTG）（Jayawickreme and Blackie,

2016；Mikal-Flynn et al.，2018）。

创伤后成长也称逆境中成长、压力相关成长、应激相关性成长、益处寻求（benefit finding）、韧性成长（resiliency growth）（Ramos and Leal，2013），通常是指由于逆境、创伤或极具挑战性的生活环境而经历的持续积极的心理变化（Jayawickreme et al.，2021），是一种潜在的应对机制和自我调节机制，可以保护自己免受压力、逆境和危机造成的痛苦。它不是由创伤事件本身引起的，而是个体在与创伤事件的抗争中产生的（Tedeschi and Calhoun，1995，引自Jayawickreme et al.，2021）。

个体在经历创伤后，可能会发展出一组与智慧相关的性格优势，包括理智上的谦逊、对问题的不同观点持开放态度、理解角度多元化及同理心增加等（Grossmann，2017；Dorfman et al.，2021）。一些理论表明，智慧的美德是通过应对和克服逆境发展起来的（Jayawickreme and Blackie，2016）。创伤事件发生后，如果个体能视当下的逆境为挑战，乐观对待，多角度看待逆境，增强思维弹性和开放性，动态认识生活环境是在不断变化的，就能呈现出积极的个人成长（Kross and Ayduk，2017）；相反，如果个体对创伤事件采取习惯性或沉浸式反刍（rumination），就容易不断重复体验事件带来的负面情绪或情感，可能导致PTSD。一般来说，PTSD和PTG往往共存于创伤后的个体身上（Wu et al.，2016；Cao et al.，2018），两者之间常呈现倒“U”形关系（Bhat and Rangaiah，2016）。PTG包括积极建构和自我欺骗两种成分，其中自我欺骗成分与不切实际的乐观和幻想有关，容易导致个体的自我固化。在创伤发生后的短时间内，PTG的自我欺骗成分发挥着主要作用（Zoellner and Maercker，2006），可能导致创伤后的个体对创伤线索持有不切实际的“乐观性”思考，不能有效地缓解创伤后的消极结果，不具有积极的缓冲作用（Zhou et al.，2015）。但是，这种不切实际的“乐观性”思考可以使个体的注意力在短时间内从创伤相关线索及其结果中转移开来（Zoellner and Maercker，2006），从而免于加剧 PTSD。

第二节　创伤后成长的影响因素

一、创伤后成长的促进因素

威尔逊（Wilson，1995）发现，在创伤或灾难事件幸存者群体中，能提升他们幸福感、增强他们心理健康和心理抗逆力的预测因子包括：① 准确把握自己能控制的点，提升自我效能感，增强自己的决心；② 愿意向重要他人自我披露创伤的经历；③ 共享群体（集体）的认同感或拥有一批有类似经验的积极的幸存者作为朋友；④ 创伤后能主动寻找应对的个人和社会资源；⑤ 有利他主义或亲社会行为；⑥ 具有在创伤经历和之后的生活中发现或构建积极意义的能力；⑦ 有强有力的社会支持和情感联系纽带（Agaibi and Wilson，2005）。

研究表明，个体的乐观主义和富有希望的人格特质（Ho et al.，2011；Bozoet al.，2009）、足够强的社会支持、积极应对的技能（Lechner et al.，2006），以及认知策略更多采用益处寻求和意义建构（Cox and McAdams，2014）等，有益于形成积极思维过程（如刻意性沉思）（Lechner et al.，2006；Molset al.，2009）。

有学者总结说，PTG 实际上是通过三种机制来发挥作用的，以让创伤变成一个积极成长的催化剂。这三种机制包括：(1) 益处寻求（benefit finding）。我们要看到事件好的部分，在日常生活中提升对生活美的感受力和欣赏力，每天看到的是自己的得到，而非失去。

(2) 聚焦行动（action-focused）的积极应对策略。创伤性事件发生后，我们要往前走，思考下一步怎么做。比如，刚开始学习使用新的网络直播软件授课，笔者预测使用过程中可能会出现问题，感觉比较焦虑。笔者选择聚焦在可采取的准备行动上，提早进入直播云课堂进行调试，预留足够的时间进行试错和从容调试。聚焦行动使笔者避免陷入胡思乱想的焦虑或害怕中。(3) 建构意义（meaning-building）(Cox and McAdams，2014)。这意味着遭遇创伤性事件的个体要从PTSD中获得一种成长，需要经过一个心理转化，即意义的发现及构建，类似叙事疗法中的"积极的故事改写"，积极重塑自己的故事，并能直接或间接地通过积极的沉思（savoring）获取意义。这比较有利于个体通过心理努力，产生有利于身心健康的积极的心理韧性(psychological resiliency)，并发展出高水平的PTG（Morris and Hakespeare-Finch，2011；Thombre et al.，2010)。每件事的发生，对个人的意义的发现是源自个体的评价和归因。评价一件事的意义和重要性，往往影响个体的情绪情感反应。创伤事件发生后，要建构意义，赋予创伤事件以成长的机会和意义，令个体尽快走出创伤事件带来的短时间内的痛苦或负面情绪，更有力量面向未来，向前走(move forward)。比如，笔者在母亲去世时也悲伤了一段时间，这样的悲痛是正常的反应。如果沉溺于痛苦中而无法自拔，就可能会很快在负面情绪中沦陷。作为心理学者，我不断提醒自己，给自己一段哀伤的休整期，为母亲做最后一些事情，比如探望我的阿姨，与阿姨一起缅怀我的母亲，给母亲写一篇记录其人生的文章纪念她。在失去母亲这个创伤事件上，既然是永远失去她，那么如何将她给予我的生命赋予更积极的意义，是我当下走出悲痛的精神力量。母亲的逝去，让我理解并接纳了死亡是人生的必经阶段，我在纪念文中写道："母亲，您在天堂与父亲团聚，您给我的生命，我要让它的每个细胞都发挥意义，让您的生命更好地延续下去。”在这个意义上，我能感觉到母亲整合在我生命中的每个细胞里，希望自己能让母亲给予的生命更具意义，这成为我之后的工作动力。应该说，每个人对事件的意义发现或构建过程和结果可能都不同，但意义的发现或构建的益处却是一样的。

二、 促进创伤后成长的元适应力

（一）元适应力的定义

以往学者们从病理性角度出发，对创伤性事件影响的关注多集中于其带来的负面影响，如 PTSD 及其症状消除等。随着积极心理学的兴起，越来越多的研究者关注到负面事件可能带来的积极影响——危与机并存，并相信每个人都有一定的心理弹性（resiliency）与心理抗逆力。研究者米卡尔-弗林（Mikal-Flynn）首次提出元适应力（meta-habilitation）的概念，以强调个体能够将创伤经历视为自身成长的重要机会和必要之路（Mikal-Flynn et al.，2018）。为了生存和适应新生活，个体需要调整生理状态、自我概念、个人身份和信心，以便能够有效地利用这种破坏原有习惯带来的不平衡和机会来促进自己的成长，这是直接应用个体固有的能力和外在确定的条件来支持创伤后成长的实现过程（Mikal-Flynn，2012）。

（二）创伤后元适应力发展的六个阶段

米卡尔-弗林（Mikal-Flynn，2012）提出，个体在适应创伤的过程中滋长出元适应力，这一过程经历了六个阶段，可总结如表 9－1 所示（Mikal-Flynn et al.，2018）：

表 9-1 元适应力发展阶段

阶　　段	主　要　内　容
第一阶段，急性恢复	基本生存和创伤恢复
第二阶段，转折点，对生活说“是”	前进的选择
第三阶段，常规和补充治疗	对治疗进行个人控制，结合新的和有用的治疗方法，强调选择和再选择的意识是个体恢复的主要牵引力
第四阶段，接受和适应——反思的时刻	是时候放松一下了，认识到成就，开始意识到事件的意义，为下一个阶段重新组合——回归生活——做准备
第五阶段，重返社会，回归生活	向前走，重新融入，适应社会，参与生活
第六阶段，发展元适应力，面向未来	在苦难、个人目标、人生欣赏中发现意义；进化到更高的存在状态

第一阶段，急性恢复。这一阶段涉及个体的基本生存和创伤恢复。经历过创伤后，个体的生活方式和身份都会发生改变，面临恐惧、抑郁、悲伤和重大改变，甚至会因为生活的重大变化而感到绝望。个体也会进行自主的调整，主要反映在个体努力保存自己基本的身体和情感功能，保证自己是活着的。只要活着，如何适应巨大变化和挑战就是一个时间的问题。

第二阶段，转折点，对生活说“是”。每个人都在挣扎，但在沮丧和悲伤中，个体会努力找寻一些希望。当人们愿意对生活说“是”，承认就是这样，意识到未来的生活并不容易，但相信唯一有成效的决定是向前迈进（Mikal-Flynn，2012），并选择继续前进时，就能迎来一个决定性的时刻。

第三阶段，常规和补充治疗。这个阶段的特点是行动。人只要选择生存，就能找到个人自己的、家庭的或其他支持系统（如社会福利系统）带来的资源，以保障自己能向前发展；个体如果能积极参与寻求不同的治疗方式，就有机会恢复或愈合。只要个体能促使自己着重于不断确定自己能做什么，而尽量少关注自己不能做什么，就能建立自己能往前走的自我效能感和信心。

第四阶段，接受和适应。这是一个反思和调整的时期。与第三阶段相比，第四阶段是一个忙碌的、活跃的时期。幸存者会评估自己的情况，对当下的生活非常关注并进行反思。他们会尽可能留出时间让自己思考，并开始发现生命的意义。一旦发现生命的意义，个体就会获得生命的动力，承认并接纳自己目前的状况，认识到自己已经往前走了，并规划未来，开始走向积极的适应过程（Mikal-Flynn，2012）。

第五阶段，重返社会，回归生活。经历创伤的个体，不要奢望能回到当初的状况，以同样的生活水平或方式向前迈进。唯有适应当下的环境，在这个基础上促使自己逐渐变化，充分认识并展现当下拥有的能力，个体才能逐步回归生活。通过努力工作、他人的帮助和支持，才能寻求更好地实现自己的心理社会功能，专注于如何过上幸福、高效和有用的生活（Mikal-Flynn，2012）。有时，他们会选择一个完全不同的方向，而不想回到创伤前的工作或生活中。

第六阶段，发展元适应力，面向未来。幸存者们仍然能体验到与创伤有关的焦虑、失望和沮丧，但这些负面情绪指向能促使他们确定一个前瞻性的未来方向，引导他们变得富有创造性、富有成效和目的性。他们对自身优势的洞察力和信心有所增强，吸取了之前的教训，更充分地了解了自己的能力，变得聪明，并允许生活将他们带到其意想不到的地方；在元适应化过程中，经历创伤后成长的个体坚持希望，并在抓住可能性时有意识地、勇敢地做出选择，着眼于未来，发展出成长的心态和乐观态度，最终发现创伤经历带来的成长意义（Mikal-Flynn，2012）。

（三）有元适应力的个体特征

米卡尔-弗林（Mikal-Flynn，2007）总结了有元适应力的个体所具备的特征：① 乐观并充满希望；② 对自己及其状况有深刻见解；③ 思维有弹性，接纳现状，开放并愿意接受他人或新的经验；④ 能够得到新机会的激励，社会支持系统中充满积极的人；⑤ 在护理和目标方面做出合理和富有成效的选择；⑥ 不纠缠于“为什么不幸的是我”，拒绝生活在愤怒和绝望中；⑦ 愿意接受他人的帮助，或愿意服务他人；⑧ 接纳创伤后的自己，并以此为起点，重新启动或选择往前走；⑨ 回顾过往是为了更好地往前走或规划未来。

（四）促进元适应力发展和创伤后生长的条件

如前所述，元适应力是个体直接应用自身固有的能力并运用现有的、确定的条件或资源来促进自己创伤后成长的实现过程（Mikal-Flynn，2012）。有研究者总结了能够促进个体创伤后实现成长的条件：① 来自家庭或朋友的及时的或持续的支持；② 获得最新治疗方案的条件和机会；③ 进行目标设定的更新与重启的机会；④ 避免接触消极的个人或负面思想；⑤ 接触能够促进能力提升的环境或他人；⑥ 家庭的持续鼓励和积极倡议；⑦ 对环境的接纳和适应力；⑧ 充分运用灵性力量；⑨ 参与照顾和护理；⑩ 重新开始生活，继续往前走；⑪ 对药物治疗或生活拥有决定权；⑫ 能自主决定如何对自己进行治疗和恢复的护理及康复；⑬ 承认危机带来的馈赠，包括灵性的、情绪的和关系的。

（五）创伤性丧亲事件后实现成长的关键要素

丧亲事件中的创伤后成长涉及四个重要元素。① 重新安置好逝者在我们心中的位置，这与“持续性联结”（continuing bond）有密切关系；② 使用灵活有效的理论和方法应对丧亲后的不同压力，“双程论”理论对此有很透彻的阐述；③ 做好特定认知和情绪的调整，比如愧疚、孤独、愤怒、焦虑等；④ 重建生命的意义和积极的生活动力。接下来我们重点阐述前两个理论。

第三节　持续性联结及其应用案例

持续性联结是生者对已故亲人的一种“联结”关系，包括对已故亲人的祭奠、怀念、认知、理解、情感回忆、完成遗愿、保留遗物等。

一、持续性联结理论的提出

1917 年，弗洛伊德（Freud）提出，生者通过“割断”对逝者的依恋，可完成“哀伤工作”，从而“再次变得自由而不受约束”。但丧亲者在痛失自己的亲人，尤其是挚爱的亲人后，要割断与逝者的联结谈何容易。所以弗洛伊德的这个观点对哀伤研究与干预产生了较大的负面影响，时间长达半个多世纪之久。1996 年，心理学家克拉斯与另外两位学者出版了《持续性联结：重新理解哀伤》。他们在书中第一次提出了持续性联结的思想，并对弗洛伊德的观点提出挑战。他们写道：“本书对这样一种观点提出挑战，即哀伤的目的是要割断与逝者的联结，并以此使生者获得自由，来建立新的联结和重建新的身份。尽管本书的作者提供了不同的信息，但它们有着共同之处，即哀伤的纾解包含生者和逝者的持续性联结，并且持续性联结可以是生者日后生活的一个健康的部分。”

克拉斯等在挑战弗洛伊德的观点时，提到了弗洛伊德的亲身经历。弗洛伊德在其女儿索菲亚（Sophia）死去之后受到了很大的打击，紧接着他又失去了特别喜欢的外孙，这对弗洛伊德的打击极大。据弗洛伊德朋友描述，他在弗洛伊德的外孙死后，第一次看到弗洛伊德流泪。失去女儿和外孙使弗洛伊德患上了严重的抑郁症，他还得了癌症。弗洛伊德在给朋友的信中写道："孩子的死亡之痛远重于自己的癌症之痛。"从这个经历中可以看到，如果连弗洛伊德都不能割断其与已故亲人的联结，大多数丧亲者又如何能把它割断呢？

二、认识持续性联结的复杂性

如果丧亲者和逝者的依恋关系特别亲密，尤其是丧亲事件属于创伤性的，则非适应性的持续性联结关系往往会导致延长哀伤障碍。比如，在新冠疫情中突然丧亲，那些有非常亲密情感依恋联结的丧亲者往往有很大风险罹患延长哀伤障碍。如果丧亲者能够处理好与逝者的持续性联结关系，就有助于他们更好地适应丧亲后的生活，并在创伤中成长。若丧亲者与逝者的关系不是特别亲密，持续性联结关系较弱，则丧亲事件就不会产生很大的负面影响。这里需要说明的是，并不是所有的丧亲事件都会刻骨铭心，它与依恋关系的深度有关。在哀伤研究与干预中，我们关注的是自己所爱的人的离世。

三、持续性联结的常见表现形式

丧亲者会在内心保持对逝者的怀念、思念、回忆、期望、关爱。比如有的人会按照逝者的期望去生活；有的人会把逝者作为内心的道德模范；有的人会把逝者的价值观内在化；有的人觉得逝者在影响自己的生活；有的人过去在做重大决定时习惯于寻求该逝者的指导；有的人想象将来可能会与逝者在另一个世界或一个未知维度的空间相逢；有的人感到逝者的灵魂依然陪伴着自己。还有一类表现形式比较明显，比如保留和不断整理逝者的遗物、照片，去墓地祭奠；去曾经和逝者都喜欢的地方，给逝者写信，写故事，在网上发文，做逝者生前热爱的事情，采用不同的方式进行悼念等。这些都是常见的持续性联结的表现形式。

四、持续性联结的内在化与外在化特点

奈杰尔·菲尔德（Nigel Field）和查尔斯·菲拉诺斯基（Charles Filanosky）于2009年提出了持续性联结的内在化联结（internalized continued bond）和外在化联结（externalized continued bond）观点。内在化联结是把逝者作为自己的一种精神鼓励、一种安全感的基础、一种道德的指导、一种人生方向的启发。这种联结方式注重积极的内心世界的接触，具有积极作用，有利于创伤后成长。外在化联结是指丧亲者时常产生与逝者有关的幻觉或错觉等，或拒绝接受逝者离世的事实，这种持续性联结方式往往不利于创伤后成长。

五、持续性联结与依恋理论的关系

著名哀伤学者斯乔毕用依恋理论分析持续性联结，并将其分为四种类型。

（1）安全型依恋。丧亲者认为，虽然失去了亲人，也感到哀伤，但他从中得到的是一种积极的启发，能够重新安置逝者在其心中的位置，并重建生命的意义。这种依恋关系是安全的，有利于创伤后成长。

（2）占有型依恋。这种关系的重要特征是把逝者看成自己生命的全部，其在中国的失独父母中较常见。比如有人说，“孩子是我生命的全部，孩子死了，我的生命也没有任何意义了”。占有型依恋容易引发延长哀伤障碍，不利于创伤后成长。

（3）回避型依恋。回避型依恋有不同表现，有人刻意贬低逝者，觉得他不值得去怀念；也有人对与逝者有关的东西，比如遗物，感到恐惧和刻意回避。

（4）紊乱型依恋。这类丧亲者与逝者之间往往存在非常矛盾的关系。比如有些失去父母的孩子，他们对父母既有血缘之爱，又因父母对他们曾经有过虐待而耿耿于怀或恐惧。所以，他们失去父母后，既难过，又觉得是一种“解脱”。他们既想去紧密地联结，但又害怕联结过度。这种紊乱型的依恋关系不利于创伤后成长。

以上四种依恋关系，第一种是安全的，后面三种都存在不健康的因素，需要采用适当的方法去应对。

六、 处理好丧葬有助于建立积极的持续性联结关系

适当的哀悼和祭奠往往是建立积极的持续性联结的第一步。因为哀悼和祭奠有六个重要作用：① 承认死亡的现实；② 宣泄痛苦和哀伤；③ 缅怀和记住逝者；④ 建立新的自我身份认知；⑤ 寻找意义；⑥ 寻求和获得他人的关爱。

疫情防控期间，不少丧亲者在亲人去世时不能在其身边陪伴，也不能向其告别，无法及时举行葬礼。如何弥补这些遗憾？我们都知道中国人有入土为安的习俗，但是在特殊时期我们可以采用相对灵活的方法，网上祭奠和悼念就是一个可以考虑并推广的方法。无论是在逝者入土之前还是之后，网络祭奠都便于丧亲者随时上网去看、去表达、去宣泄、去和亲友分享自己的思念，或得到亲友在网络留言方面的安慰和支持。此外，网络信息是一种长久的怀念方式，因为数字信息可以一直保留下去。

事实上，我国早已有网络祭奠和哀悼。我曾于 2018 年进行网络

搜索，根据关键词“写给天堂儿子的信”，查到643万条帖子留言；根据关键词“写给天堂女儿的信”，查到572万条帖子留言。疫情暴发期间，网上祭奠和悼念更是一种重要的纾解哀伤和建立积极的持续性联结的方法之一。

下面我们来分享“一封有温度的信”。

武汉的志愿者们：

向你们致敬！我是福寿园集团“福寿云”的负责人。我们的云相册、云祭扫应用，旨在帮助不能前往墓地的亲友通过互联网纪念、祭扫逝者，记录、分享与逝者的故事。搜索小程序“福寿云相册”，通过微信认证即可免费创建需要纪念的亲友的相册，所有纪念的图、文、视频都会保存在云端，在“亲友圈”中呈现。对于群体性纪念，为了方便逝者信息的批量上传，让亲友通过搜索可以很便利地进行纪念，我们提供批量创建的服务。对遗体捐献、公益群体，我们还会免费建设“纪念主页”，方便这些群体分享传播。如对上述服务有意向，可联系我，我愿代表福寿园集团和“福寿云”全体开发人员，尽我们的绵薄之力。

周晨

这是我和福寿园集团及“福寿云”项目开发负责人周晨博士谈论是否能为武汉丧亲者提供这方面的帮助时，他让我转发的信。通过微信小程序“福寿云相册”或者其他相似的云纪念网站，丧亲者可以免费创建已故亲人的纪念相册并写上自己的思念。让我最感动的是，他当时还附上了自己的实名微信号，主动承担巨大的工作量。在读这封信时，我十分感动，心里不由得涌出了四句话：

让冰冷的墓碑变得有温度，
让逝去的生命更加有意义，
让有限的生命放射出长久的光，
让您的爱永不消失。

做好哀悼是建立健康的持续性联结十分重要的组成部分。尤其是在疫情防控这个特殊时期，社会工作者和心理健康工作者在丧亲关怀中需要认真考虑，然后把这部分工作做起来。

七、帮助丧亲者了解什么是积极的联结方法

（一）有利于哀伤疗愈的持续性联结

① 把逝者对生者的爱藏在心里，并扩展它，珍惜自己的生命；

② 让逝者的善良活在自己的心里，并扩展它，帮助他人；

③ 在做重大决定时，考虑逝者如果活着的话会如何做，并以此作为自己做决定的参考；

④ 回忆逝者时，会有不同程度的悲伤，但也会有温暖、愉悦或者幽默的感觉；

⑤ 遇到困难时，用逝者鼓舞自己，坚定自己的信心；

⑥ 体验逝者存在时，可以感受到鼓励和温暖；

⑦ 面对没有逝者的新生活，清楚地意识到逝者已逝，从丧失事件和逝者那里汲取能让日后的生活依然有意义的信息，并积极面对生活，有意识地进行自我调整，以适应现实生活。

（二）合理使用和调整持续性联结的方法

① 和已故亲人进行心灵交流。可以和他们进行有声倾诉或在心里说话，写信，写纪念文章，写日记等。

② 通过照片和录像再现与逝者精神上的联系，记住那些美好的时光。

③ 通过适当的载体让逝者融入某些活动和特殊的日子。在一些重要的日子和特殊活动中，让他们象征性地“参与”活动，比如可以在餐桌旁边放一把空椅子来纪念他们。

④ 当需要做艰难的决定时，可以与逝者在内心对话，想象一下他们会给出什么建议，这有助于做出更好的选择。

⑤ 选择逝者会为自己感到骄傲的方式生活。想一想做哪些事情会使自己的已故亲人为之骄傲和高兴，可以通过做这些事来安慰自己。

⑥ 体验逝者温馨的存在。它可能只是丧亲者的一种“感觉”，但有时可以帮助其减轻哀伤。

（三）如何处理遗物

① 长期回避遗物是一种不健康的回避策略。

② 处理遗物既要克服“不忍心”的心理困惑，又要保留好有纪念意义的物品。

③ 不能过度依赖遗物与已故亲人保持联结关系。

④ 和亲友商量，在什么时间、用什么方法来处理遗物，不要草率和冲动地决定。

⑤ 处理遗物时，不要有内疚和牵绊的情绪，它并不意味着自己要忘掉逝者。

⑥ 保留对自己有特别意义的物品，比如照片、证书、奖章、重要的礼物、已故亲人喜爱之物等。

⑦ 动手全面处理遗物时，请做好充分的准备和计划，也许还需要亲友的帮助。

⑧ 可以采用分批处理的办法，把这份艰难的工作分摊在不同的时间去做。

⑨ 如果大件东西太多且难以保留，就给它们拍照保存。

⑩ 有些遗物可以赠予那些会珍爱这些物品的亲友，让他们和自己一样记住逝者。

⑪ 对于一些不确定是否应该保留的东西，可以暂时把它们放到箱子里，等以后有精力时再处理，以免因为把东西过早地送走而留下遗憾。

⑫ 可以听从家人和朋友的建议，但不要接受任何带有“强迫性”的要求。

⑬ 有些遗物可以自己使用。如果感到舒服的话，就使用它。

关于如何评估丧亲者的持续性联结形式是否有助于创伤后成长，“哀伤疗愈公众号”的评估工具中有“持续性联结量表”，该量表可以帮助人们评估丧亲者与逝者的持续性联结是否健康。

八、 持续性联结案例

一位母亲失去儿子后每天睡在儿子的床上。女儿劝母亲搬到自己所在的城市和自己一起住，母亲坚决不肯，说：“我一离开那个房间，就难受得不得了，仿佛儿子真的不在我的身边了。”这种依靠幻觉来维持持续性联结关系的方式属于外在化联结方式，并不利于哀伤疗愈。心理咨询师根据这个情况，建议为她已故的儿子建一个网上纪念站。女儿把这个建议告诉了母亲，并在征得母亲的同意后做了一个纪念网站，上面有母亲已故儿子的照片、视频等。母亲看了后觉得特别温暖。后来那位母亲把自己原来城市的房子卖掉了，搬到了女儿所在的城市生活。母亲也学会了上网，每当想儿子了，她就在网上写信。后来她的精神和情绪都得到了很大的改善。

第四节　双程论简介及其应用案例

1999 年，荷兰心理学家斯乔毕和肖特提出了双程论模型（Due Process Model - DPM）。

一、双程论简介

双程论可以用图 9 - 2 展示。从图中可见，丧亲者在失去亲人后的日常生活体验包括三个重要方面。

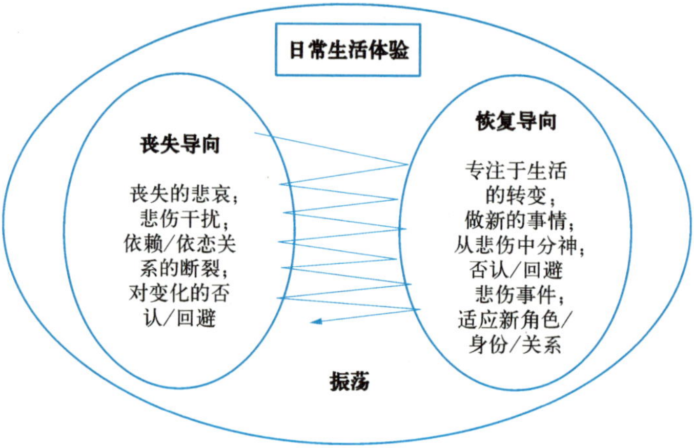

图 9 - 2　双程论模型：在“振荡”中成长（Margret Stroebe and Henk Schut，1999）

（一）丧失导向

丧失导向（Loss Oriented）与丧亲事件本身直接相关。比如丧亲者往往会苦苦思念逝者。各种哀伤反应会以不同形式表现出来，诸如悲伤哭泣、情绪反复，或回避丧亲的现实，不愿思考未来会怎样。这些日常体验也被称为第一级“压力源”，它密切围绕着丧亲事件本身，故被称为“丧失导向”。

（二）恢复导向

恢复导向（Restoration Oriented）中的种种压力与丧亲事件发生后的日常生活经历有关，而非丧亲事件本身。这里的“恢复”并非指丧亲者要恢复到丧亲事件尚未发生时的状态，而是关注和适应丧亲后的日常生活。比如如何面对日后的经济压力、健康问题、工作、人际关系、新的生活方式等。也有丧亲者会回避对丧亲事件的思考，或否认丧亲事件的真实性，并表现出麻木状态。恢复导向中的这些压力源也被称为二级或洐生压力源。

（三）振荡

振荡是指丧亲者在日常生活中，会在两种导向之间来回“振荡”。比如从哀伤痛哭转移到关注每天的衣食起居，或对未来的思考等。这种“振荡”会一直发生且不会停止。在丧亲初期，这种“振荡”往往十分频繁，随着时间的延续，会逐渐减缓。

双程论的贡献是，它把丧亲者的心理活动表述成一种动态，而不是静态的行为，这更符合现实情况。

斯乔毕认为，暂时的回避有时是必要的，尤其在急性哀伤期。有研究显示，女性会更多地处在“丧失导向”中，男性会更多地处在“恢复导向”中。我们做哀伤辅导时，需要针对不同性别和不同的哀伤反应，采取灵活和有针对性的方法。

当丧亲者长期滞留在某一个“导向”里而没有在两个导向间“振荡”时，社会工作者和心理健康工作者就要用适当的方法引导丧亲者。例如，一位失独母亲说，我已经把过去忘记了，我把过去放弃了，我只关心我的未来。显然她让自己陷入恢复导向中，她在使用长期回避策略，而这并不是有效的哀伤疗愈方法，相反，它极大地增加了丧亲者罹患延长哀伤障碍的风险。哀伤是要经历的，而不是忘记。

尤其失去的是孩子，怎么可能真的忘记?

我们还要注意，有些丧亲者看起来一点都不伤心，仿佛一点都不在乎发生过的事。在哀伤急性期，这是常见的现象，即所谓“麻木”，对此我们要给予理解。如果这种状态超过 6 个月，就要注意引导丧亲者在两种导向间做必要的“振荡”。

二、如何应对不同导向的压力

(一) 常见的丧失导向压力的应对

1. 苦苦思念，不能自拔

① 帮助丧亲者使用积极的持续性联结方法，比如内心对话，或写信；

② 寻找生活的意义和兴趣点（引导关注恢复导向）；

③ 与社会接触，同质互助（引导关注恢复导向）；

④ 调整认知，如调整愧疚、愤怒、自卑、绝望等。

2. 拒绝接受丧失事件，觉得逝者仍然活着并寻找逝者

① 使用适当的悼念仪式；

② 妥善处理遗物。

(二) 常见的恢复导向压力的应对

1. 一味回避哀伤情绪

① 帮助丧亲者用积极的持续性联结方法（如科普），建立健康的思念和联结；

② 使用适当的悼念仪式，妥善处理遗物；

③ 进行认知调整（为什么回避及应对）。

2. 看不到生活的意义

① 建立健康的思念和联结，用逝者的精神鼓励自己；

② 关注生活意义的重建；

③ 进行认知调整，提升抗逆力。

3. 无法适应新的生活

① 对情感和物质两方面的压力，需要分别应对，还需要社会支持系统的帮助；

②“工具型支持”是必要的；

③ 采用同质互助的方法。

三、 案例分析

一位母亲失去大儿子后，6 个多月以来，一直睡在大儿子的房间里，大儿子的衣物一样也不许别人碰，她一直深陷在丧失导向里。后来这位母亲感到心脏严重不适。在家人的劝说下，她去看了心理咨询师。心理咨询师对她说："您睡在儿子的房间里，这种状态是正常的，您没必要立刻搬出他的房间。"咨询师知道这位母亲深陷在丧失导向中，于是引导她关注恢复导向。咨询师又说："您还有一个刚满 7 岁的儿子，您能否把注意力更多地放在小儿子身上?"那位母亲一听到咨询师提及小儿子就哭了，她说："我的小儿子过去很爱笑，但他现在不笑了。"她说这是因为她过于关注已故的大儿子，忽视了小儿子。其实，关注小儿子的生活和需要就是一个恢复导向的工作，它涉及未来的生活。咨询师运用母爱的天性去提醒她："您还有别的孩子，您得关注他。"这位母亲意识到自己的问题后，渐渐地从丧失导向中脱离出来，她不再把时间过多地用于为失去的大儿子哭泣，而是关心 7 岁的小儿子。她后来还去参加了小儿子学校组织的活动，积极支持小儿子的课外活动，让孩子为自己感到骄傲。

无论是应对丧失导向压力还是恢复导向压力，使用健康积极的持续性联结方法都极为重要，它有助于丧亲者的创伤后成长。

用正确的方法来应对不同导向中的压力，并在两个导向间做健康的“振荡”，是创伤后成长的重要工作，也是社会工作者和心理健康工作者需要掌握的基本知识和方法。

参考文献

[1] [美] 芭贝特·罗斯柴尔德．身体记得：创伤及创伤治疗的心理生理学[M]．谢麟兮，译．台北：生命之道国际顾问有限公司，2021.

[2] [美] 贝塞尔·范德寇．心灵的伤，身体会记住 [M]．刘思洁，译．新北：大家出版，2017.

[3] [美] 布鲁斯·D. 培理，玛亚·萨拉维兹．遍体鳞伤长大的孩子，会自己恢复正常吗？儿童精神科医师与那些绝望、受伤童年的真实面对面；关系为何不可或缺，又何以让人奄奄一息！[M]．张馨方，译．台北：柿子文化事业有限公司，2018.

[4] 刘新宪．哀伤疗愈 [M]．北京：中国人民大学出版社，2021.

[5] 潘正德．辅导手札：一位助人者的心灵向度 [M]．新北：心理出版社，2021.

[6] 沈长月，夏珑，石兵营，等．失独家庭救助与社会支持网络体系研究[M]．上海：华东理工大学出版社，2016.

[7] 王建平，刘新宪．哀伤理论与实务：丧子家庭心理疗愈 [M]．北京：北京师范大学出版社，2019.

[8] 许维素．建构解决之道：焦点解决短期治疗 [M]．宁波：宁波出版社，2013.

[9] 许维素．尊重与希望：焦点解决短期治疗 [M]．宁波：宁波出版社，2018.

[10] 陈艺华，叶一舵，黄凤南，等．失独父母生命意义的重塑：基于量化调查与扎根理论的研究 [J]．中国特殊教育，2016 (9)：72 - 77.

[11] 邓明昱．创伤后应激障碍的临床研究新进展（DSM - V 新标准）[J]．中国健康心理学杂志，2016，24 (5)：641 - 650.

[12] 何丽，唐信峰，朱志勇，等．持续性联结及其与丧亲后适应的关系 [J]．心理科学进展，2016，24 (5)：765 - 772.

[13] 靳宇倡，刘东月，李俊一．创伤后成长的促进因素、模型及干预 [J]．心理科学进展，2014，22 (2)：304 - 313.

[14] 李序科．灾难性事件救助人员替代性创伤及其社会工作救助 [J]．中国公共安全（学术版），2008 (1)：75 - 78.

[15] 刘新宪，王建平．我走出来了吗？正常哀伤反应与病理性哀伤 [J]．心理与健康，2019 (12)：90 - 92.

[16] 汤竣杰，陈兴栋，毛敏，等．特殊环境下创伤后应激障碍的流行病学及干预策略 [J]．中华诊断学电子杂志，2020，8 (2)：90 - 94.

[17] 王文超，伍新春，田雨馨，等．青少年创伤后应激障碍和创伤后成长对亲

社会行为的影响：生命意义的中介作用 [J]. 心理发展与教育，2018，34 (1)：112 - 119.

[18] 杨红，韩丽沙，郭浩明. 死亡焦虑量表的跨文化调适 [J]. 中国实用护理杂志，2012，28 (31)：53 - 57.

[19] 张必春，柳红霞. 失独父母组织参与的困境、内在逻辑及其破解之道：基于社会治理背景的思考 [J]. 华中师范大学学报（人文社会科学版），2014，53 (6)：31 - 39.

[20] 赵后雨，屠志浩，瞿靖芮，等. 虚拟现实暴露疗法治疗创伤后应激障碍的Meta分析 [J]. 心理学进展，2019 (7)：1268 - 1276.

[21] 周煌智，蔡冠逸，吴泓机，等. 灾难与创伤后压力症候群 [J]. 台湾精神医学，2006，20 (2)：85 - 102.

[22] 周宵，伍新春，王文超，等. 社会支持、创伤后应激障碍与创伤后成长之间的关系：来自雅安地震后小学生的追踪研究 [J]. 心理学报，2017，49 (11)：1428 - 1438.

[23] 周瑶光，孙露娜，刘伟志. 创伤后应激障碍的心理治疗：近5年RCT回顾 [J]. 解放军医学杂志，2019，44 (9)：797 - 807.

[24] Tomer A, Eliason G. Toward a comprehensive model of death anxiety [J]. Death Studies, 1996, 20 (4): 343 - 365.

[25] Adler J M, Turner A F, Brookshier K M, et al. Variation in narrative identity is associated with trajectories of mental health over several years [J]. Journal of Personality and Social Psychology, 2015, 108 (3): 476 - 496.

[26] Agaibi C E, Wilson J P. Trauma, PTSD, and resilience: A review of the literature [J]. Trauma, Violence & Abuse, 2005, 6 (3): 195 - 216.

[27] Albuquerque S, Buyukcan-Tetik A, Stroebe M S, et al. Meaning and coping orientation of bereaved parents: Individual and dyadic processes [J]. PLoS One, 2017, 12 (6): e0178861.

[28] American Psychiatric Association. Diagnostic and statistical manual of mental disorders: DSM - V [M]. 5th ed. Arlington, VA: American Psychiatric Association, 2013.

[29] An Y Y, Fu G, Yuan G Z, et al. Dispositional mindfulness mediates the relations between neuroticism and posttraumatic stress disorder and depression in Chinese adolescents after a tornado [J]. Clinical Child Psychology and Psychiatry, 2019, 24 (3): 482 - 493.

[30] Arnaboldi P, Riva S, Crico C, et al. A systematic literature review exploring the prevalence of post-traumatic stress disorder and the role

played by stress and traumatic stress in breast cancer diagnosis and trajectory [J]. Breast Cancer: Targets and Therapy, 2017, 9: 473 - 485.
[31] Association A P. Diagnostic and statistical manual of mental disorders-TR [M]. 5th ed. Washington, DC: American Psychiatric Association, 2022.
[32] Bell C C. DSM - Ⅳ: Diagnostic and statistical manual of mental disorders [J]. JAMA: The Journal of the American Medical Association, 1994, 272 (10): 828.
[33] Bellis M A, Ashton K, Hughes K, et al. Adverse childhood experiences and their impact on health-harming behaviours in the Welsh adult population: Alcohol use, drug use, violence, sexual behaviour, incarceration, smoking and poor diet [M]. Cardiff: Public Health Wales NHS Trust, 2014.
[34] Bellis M A, Hughes K, Leckenby N, et al. Adverse childhood experiences and associations with health-harming behaviours in young adults: Surveys in eight eastern European countries [J]. Bulletin of the World Health Organization, 2014, 92 (9): 641 - 655.
[35] Belsher B E, Beech E H, Reddy M K, et al. Advances in repetitive transcranial magnetic stimulation for posttraumatic stress disorder: A systematic review [J]. Journal of Psychiatric Research, 2021, 138: 598 - 606.
[36] Black T. Psychotherapy and outcome research in PTSD: Understanding the challenges and complexities in the literature [J]. Canadian Journal of Counselling and Psychotherapy, 2004, 38: 277 - 288.
[37] Blevins C A, Weathers F W, Davis M T, et al. The posttraumatic stress disorder checklist for DSM - Ⅴ (PCL - 5): Development and initial psychometric evaluation [J]. Journal of Traumatic Stress, 2015, 28 (6): 489 - 498.
[38] Bovin M J, Marx B P, Weathers F W, et al. Psychometric properties of the PTSD Checklist for Diagnostic and Statistical Manual of Mental Disorders-Fifth Edition (PCL - 5) in veterans [J]. Psychological Assessment, 2016, 28 (11): 1379 - 1391.
[39] Bowlby J. Attachment and loss: Vol. 2: Separation [M]. New York: Basic Books, 1973.
[40] Bowlby J. Attachment and loss: Vol. 3: Loss, sadness and depression [M]. New York: Basic Books, 1980.
[41] Bowlby J. Attachment and loss: Vol. I: Attachment [M]. New York:

Basic Books, 1969.
[42] Breitbart W S, Poppito S R. Meaning-centered group psychotherapy for patients with advanced cancer: A treatment manual illustrated edition [M]. New York: Oxford University Press, 2015.
[43] Breitbart W. Meaning-centered psychotherapy in the cancer setting: Finding meaning and hope in the face of suffering [M]. New York: Oxford University Press, 2017.
[44] Bremner J D, Randall P, Scott T M, et al. MRI-based measurement of hippocampal volume in patients with combat-related posttraumatic stress disorder [J]. The American Journal of Psychiatry, 1995, 152 (7): 973 - 981.
[45] Bryant R A. Treating PTSD in first responders: A guide for serving those who serve [M/OL]. Washington, DC: American Psychological Association, 2021 [2023 - 06 - 02]. http://www.jstor.org/stable/j.ctv1tfw0m1.
[46] Cahill S P, Carrigan M H, Frueh B C. Does EMDR work? And if so, why?: A critical review of controlled outcome and dismantling research [J]. Journal of Anxiety Disorders, 1999, 13 (1/2): 5 - 33.
[47] Cao C Q, Wang L, Wu J H, et al. Patterns of posttraumatic stress disorder symptoms and posttraumatic growth in an epidemiological sample of Chinese earthquake survivors: A latent profile analysis [J]. Frontiers in Psychology, 2018, 9: 1549.
[48] Chen H C, Chou F H C, Chen M C, et al. A survey of quality of life and depression for police officers in Kaohsiung, Taiwan [J]. Quality of Life Research, 2006, 15 (5): 925 - 932.
[49] Claire Bidwell Smith. Anxiety: The missing stage of grief: A revolutionary approach to understanding and healing the impact of loss [M]. New York: Da Capo Press, 2018.
[50] Cook A, Blaustein M, Spinazzola J, et al. Complex trauma in children and adolescents: White paper from the national child traumatic stress network, complex trauma task force [M]. Los Angeles, CA: National Child Traumatic Stress Network. 2003.
[51] Cortman C, Walden J. Keep pain in the past: Getting over trauma, grief and the worst that's ever happened to you [J]. Coral Gables, FL, 2018: 10 - 15.
[52] Costello E J, Erkanli A, Fairbank J A, et al. The prevalence of potentially traumatic events in childhood and adolescence [J]. Journal of Traumatic

Stress, 2002, 15 (2): 99 - 112.

[53] Cox K, McAdams D P. Meaning making during high and low point life story episodes predicts emotion regulation two years later: How the past informs the future [J]. Journal of Research in Personality, 2014, 50: 66 - 70.

[54] Danhauer S C, Russell G B, Tedeschi R G, et al. A longitudinal investigation of posttraumatic growth in adult patients undergoing treatment for acute leukemia [J]. Journal of Clinical Psychology in Medical Settings, 2013, 20 (1): 13 - 24.

[55] de Bont P A J M, van Minnen A, de Jongh A. Treating PTSD in patients with psychosis: A within-group controlled feasibility study examining the efficacy and safety of evidence-based PE and EMDR protocols [J]. Behavior Therapy, 2013, 44 (4): 717 - 730.

[56] Devilly G J, Spence S H. The relative efficacy and treatment distress of EMDR and a cognitive-behavior trauma treatment protocol in the amelioration of posttraumatic stress disorder [J]. Journal of Anxiety Disorders, 1999, 13 (1/2): 131 - 157.

[57] Dorfman A, Oakes H, Santos H C, et al. Self-distancing promotes positive emotional change after adversity: Evidence from a micro-longitudinal field experiment [J]. Journal of Personality, 2021, 89 (1): 132 - 144.

[58] Dunlop W L, Tracy J L. Sobering stories: Narratives of self-redemption predict behavioral change and improved health among recovering alcoholics [J]. Journal of Personality and Social Psychology, 2013, 104 (3): 576 - 590.

[59] Dunsmoor J E, Ahs F, Zielinski D J, et al. Extinction in multiple virtual reality contexts diminishes fear reinstatement in humans [J]. Neurobiology of Learning and Memory, 2014, 113: 157 - 164.

[60] Fried E I, Bockting C, Arjadi R, et al. From loss to loneliness: The relationship between bereavement and depressive symptoms [J]. Journal of Abnormal Psychology, 2015, 124 (2): 256 - 265.

[61] Eshuis L V, van Gelderen M J, van Zuiden M, et al. Efficacy of immersive PTSD treatments: A systematic review of virtual and augmented reality exposure therapy and a meta-analysis of virtual reality exposure therapy [J]. Journal of Psychiatric Research, 2021, 143: 516 - 527.

[62] Felitti V J, Anda R F, Nordenberg D, et al. Relationship of childhood abuse and household dysfunction to many of the leading causes of death in

adults [J]. American Journal of Preventive Medicine, 1998, 14 (4): 245 - 258.

[63] Felitti V J. The relation between adverse childhood experiences and adult health: Turning gold into lead [J]. The Permanente Journal, 2002, 6 (1): 44 - 47.

[64] Field N P. Whether to relinquish or maintain a bond with the deceased [M] //Handbook of bereavement research and practice: Advances in theory and intervention.. Washington: American Psychological Association, 2008: 113 - 132.

[65] Field N P, Filanosky C. Continuing bonds, risk factors for complicated grief, and adjustment to bereavement [J]. Death Studies, 2009, 34 (1): 1 - 29.

[66] Fina B A, Wright E C, Rauch S A M, et al. Conducting prolonged exposure for PTSD during the COVID - 19 pandemic: Considerations for treatment [J]. Cognitive and Behavioral Practice, 2021, 28 (4): 532 - 542.

[67] Flory J D, Yehuda R. Comorbidity between post-traumatic stress disorder and major depressive disorder: Alternative explanations and treatment considerations [J]. Dialogues in Clinical Neuroscience, 2015, 17 (2): 141 - 150.

[68] Foa E B. Psychosocial treatment of posttraumatic stress disorder [J]. The Journal of Clinical Psychiatry, 2000, 61 (Suppl 5): 43 - 48.

[69] Foley D L, Eaves L J, Wormley B, et al. Childhood adversity, monoamine oxidase a genotype, and risk for Conduct Disorder [J]. Archives of General Psychiatry, 2004, 61 (7): 738 - 744.

[70] Forbes D, Elhai J D, Miller M W, et al. Internalizing and externalizing classes in posttraumatic stress disorder: A latent class analysis [J]. Journal of Traumatic Stress, 2010, 23 (3): 340 - 349.

[71] Ford J D, Grasso D, Greene C, et al. Clinical significance of a proposed developmental trauma disorder diagnosis [J]. The Journal of Clinical Psychiatry, 2013, 74 (8): 841 - 849.

[72] Freud S. Mourning and melancholia [M] //The Standard Edition of Complete Psychological Works [M]. London: Hogarth Press, 1957: 239 - 258.

[73] Fung H W, Chan C, Lee C Y, et al. Using the post-traumatic stress disorder (PTSD) checklist for DSM - Ⅴ to screen for PTSD in the Chinese

context: A pilot study in a psychiatric sample [J]. Journal of Evidence-Based Social Work, 2019, 16 (6): 643 - 651.

[74] Fried E I, Bockting C, Arjadi R, et al. From loss to loneliness: The relationship between bereavement and depressive symptoms [J]. Journal of Abnormal Psychology, 2015, 124 (2): 256 - 265.

[75] Galatzer-Levy I R, Ankri Y, Freedman S, et al. Correction: Early PTSD symptom trajectories: Persistence, recovery, and response to treatment: Results from the Jerusalem trauma outreach and prevention study (J-TOPS) [EB/OL]. PLoS One, [2018 - 08 - 27]. https: //journals. plos. org/plosone/article?id=10. 1371/annotation/0af0b6c6 - ac23 - 4fe9 - a692 - f5c30a3a30b3.

[76] Geracioti T D Jr, Baker D G, Ekhator N N, et al. CSF norepinephrine concentrations in posttraumatic stress disorder [J]. The American Journal of Psychiatry, 2001, 158 (8): 1227 - 1230.

[77] Gillies J, Neimeyer R A. Loss, grief, and the search for significance: Toward a model of meaning reconstruction in bereavement [J]. Journal of Constructivist Psychology, 2006, 19 (1): 31 - 65.

[78] Knight C, Gitterman A. Group work with bereaved individuals: The power of mutual aid [J]. Social Work, 2014, 59 (1): 5 - 12.

[79] Goga N, Boiangiu C A, Vasilateanu A, et al. An efficient system for eye movement desensitization and reprocessing (EMDR) therapy: A pilot study [J]. Healthcare (Basel, Switzerland), 2022, 10 (1): 133.

[80] Grekin R, O'Hara M W. Prevalence and risk factors of postpartum posttraumatic stress disorder: A meta-analysis [J]. Clinical Psychology Review, 2014, 34 (5): 389 - 401.

[81] Hamwey M K, Gargano L M, Friedman L G, et al. Post-traumatic stress disorder among survivors of the September 11, 2001 world trade center attacks: A review of the literature [J]. International Journal of Environmental Research and Public Health, 2020, 17 (12): 4344.

[82] Han, H-R, Miller H N, Nkimbeng M, et al. Trauma informed interventions: A systematic review [J]. PLoS ONE, 2021, 16 (6): e0252747.

[83] Harris M, Fallot R D. Using trauma theory to design service systems: New directions for mental health services [M]. San Francisco: Jossey-Bass, 2001.

[84] Hawton K, van Heeringen K. Suicide [J]. The Lancet, 2009, 373

(9672): 1372 - 1381.
[85] Hediger K, Wagner J, Künzi P, et al. Effectiveness of animal-assisted interventions for children and adults with post-traumatic stress disorder symptoms: A systematic review and meta-analysis [J]. European Journal of Psychotraumatology, 2021, 12 (1): 1879713.
[86] Herman J L. Trauma and recovery: The aftermath of violence, from domestic abuse to political terror [M]. New York: Basic Books, a member of the Perseus Books Group, 2015.
[87] Holland J M, Neimeyer R A. An examination of stage theory of grief among individuals bereaved by natural and violent causes: A meaning-oriented contribution [J]. Omega-Journal of Death and Dying, 2010, 61 (2): 103 - 120.
[88] Holt-Lunstad J. So lonely I could die [M//OL]. Washington, DC: American Psychological Association, 2017 [2023 - 06 - 02], https://www.apa.org/news/press/releases/2017/08/lonely-die.asp.
[89] Hori H, Kim Y. Inflammation and post-traumatic stress disorder [J]. Psychiatry and Clinical Neurosciences, 2019, 73 (4): 143 - 153.
[90] Horowitz M J. Psychological response to serious life events [M] // Hamilton V, Warburton D. Human stress and cognition: An information processing approach. New York: Wiley, 1979.
[91] Jakšić N, Brajković L, Ivezić E, et al. The role of personality traits in posttraumatic stress disorder (PTSD) [J]. Psychiatria Danubina, 2012, 24 (3): 256 - 266.
[92] Jasbi M, Sadeghi Bahmani D, Karami G, et al. Influence of adjuvant mindfulness-based cognitive therapy (MBCT) on symptoms of post-traumatic stress disorder (PTSD) in veterans-results from a randomized control study [J]. Cognitive Behaviour Therapy, 2018, 47 (5): 431 - 446.
[93] Jayawickreme E, Blackie L E R. Exploring the psychological benefits of hardship: A critical reassessment of posttraumatic growth [M]. Cham: Springer International Publishing, 2016.
[94] Jayawickreme E, Infurna F J, Alajak K, et al. Post-traumatic growth as positive personality change: Challenges, opportunities, and recommendations [J]. Journal of Personality, 2021, 89 (1): 145 - 165.
[95] Jayawickreme E, Zachry C E, Fleeson W. Whole Trait Theory: An integrative approach to examining personality structure and process [J]. Personality and Individual Differences, 2019, 136: 2 - 11.

[96] Li J, Stroebe M, Chan C L W, et al. Guilt in bereavement: A review and conceptual framework [J]. Death Studies, 2014, 38 (3): 165-171.
[97] Moskowitz J T, Folkman S, Collette L, et al. Coping and mood during aids-related caregiving and bereavement [J]. Annals of Behavioral Medicine, 1996, 18 (1): 49-57.
[98] Kamkuimo S A, Girard B, Menelas B A J. A narrative review of virtual reality applications for the treatment of post-traumatic stress disorder [J]. Applied Sciences, 2021, 11 (15): 6683.
[99] Hawton K, van Heeringen K. Suicide [J]. The Lancet, 2009, 373 (9672): 1372-1381.
[100] Kontos P, Miller K L, Colantonio A, et al. Grief, anger, and relationality: The impact of a research-based theater intervention on emotion work practices in brain injury rehabilitation [J]. Evaluation Review, 2014, 38 (1): 29-67.
[101] Kabat-Zinn J. Full catastrophe living: Using the wisdom of your body and mind to face stress, pain, and illness [M]. New York: Random House Publishing Group, 2013.
[102] Karl A, Schaefer M, Malta L S, et al. A meta-analysis of structural brain abnormalities in PTSD [J]. Neuroscience & Biobehavioral Reviews, 2006, 30 (7): 1004-1031.
[103] Kessler R C, Rose S, Koenen K C, et al. How well can post-traumatic stress disorder be predicted from pre-trauma risk factors? An exploratory study in the WHO World Mental Health Surveys [J]. World Psychiatry: Official Journal of the World Psychiatric Association (WPA), 2014, 13 (3): 265-274.
[104] Kessler R C, Sonnega A, Bromet E, et al. Posttraumatic stress disorder in the National Comorbidity Survey [J]. Archives of General Psychiatry, 1995, 52 (12): 1048-1060.
[105] Kim J S, Lee S H. Influence of interactions between genes and childhood trauma on refractoriness in psychiatric disorders [J]. Progress in Neuro-Psychopharmacology and Biological Psychiatry, 2016, 70: 162-169.
[106] Kim J S, Lee S H. Influence of interactions between genes and childhood trauma on refractoriness in psychiatric disorders [J]. Progress in Neuro-Psychopharmacology and Biological Psychiatry, 2016, 70: 162-169.
[107] Kinchin D. Post traumatic stress disorder: A practical guide to recovery [M]. London: Harper Collins, 1994.

[108] Kingston T, Dooley B, Bates A, et al. Mindfulness-based cognitive therapy for residual depressive symptoms [J]. Psychology and Psychotherapy, 2007, 80 (2): 193-203.
[109] Knight C, Gitterman A. Group work with bereaved individuals: The power of mutual aid [J]. Social Work, 2014, 59 (1): 5-12.
[110] Kothgassner O D, Goreis A, Kafka J X, et al. Virtual reality exposure therapy for posttraumatic stress disorder (PTSD): A meta-analysis [J]. European Journal of Psychotraumatology, 2019, 10 (1).
[111] Kross E, Ayduk O. Self-distancing: Theory, research, and current directions [M] //Advances in Experimental Social Psychology. Amsterdam: Elsevier, 2017: 81-136.
[112] Kübler-Ross E, Kessler D. On grief and grieving: Finding the meaning of grief through the five stages of loss [M]. London, New York: Simon & Schuster, 2005.
[113] Lempertz D, Vasileva M, Brandstetter L, et al. Short-term eye movement desensitization and reprocessing (EMDR) therapy to treat children with posttraumatic stress symptoms after single trauma: A case series [J]. Clinical Child Psychology and Psychiatry, 2023, 28 (2): 450-464.
[114] Leoschut L, Kafaar Z. The frequency and predictors of poly-victimisation of South African children and the role of schools in its prevention [J]. Psychology, Health & Medicine, 2017, 22 (supl): 81-93.
[115] Li L, Reinhardt J D, Van Dyke C, et al. Prevalence and risk factors of post-traumatic stress disorder among elderly survivors six months after the 2008 Wenchuan earthquake in China [J]. BMC Psychiatry, 2020, 20 (1): 78.
[116] Li G, Wang L, Cao C Q, et al. An exploration of the DSM-Ⅴ posttraumatic stress disorder symptom latent variable network [J]. European Journal of Psychotraumatology, 2020, 11 (1).
[117] Erich Lindemann M D. Symptomatology and management of acute grief [J]. Pastoral Psychology, 1963, 14 (6): 8-18.
[118] Luft B J, Schechter C, Kotov R, et al. Exposure, probable PTSD and lower respiratory illness among World Trade Center rescue, recovery and clean-up workers [J]. Psychological Medicine, 2012, 42 (5): 1069-1079.
[119] Mayo C S. Anger management: 10 tips to tame your temper [EB/OL].

[2022 - 04 - 14]. https: //www. mayoclinic. org/healthy-lifestyle/adult-health/in-depth/anger-management/art-20045434.
[120] Mayo C S. Support groups: Make connections, get help [EB/OL]. [2018 - 12 - 05]. https: //www. mayoclinic. org/healthy-lifestyle/stress-management/in-depth/support-groups/art-20044655.
[121] Dan M. The redemptive self: Generativity and the stories Americans live by [J]. Research in Human Development, 2006, 3 (2): 81 - 100.
[122] McLean K C, Syed M. Personal, master, and alternative narratives: An integrative framework for understanding identity development in context [J]. Human Development, 2016, 58 (6): 318 - 349.
[123] Shear M K, Skritskaya N A. Bereavement and anxiety [J]. Current Psychiatry Reports, 2012, 14 (3): 169 - 175.
[124] Mann J J, Apter A, Bertolote J, et al. Suicide prevention strategies: A systematic review [J]. JAMA, 2005, 294 (16): 2064 - 2074.
[125] Matto M, McNiel D E, Binder R L. A systematic approach to the detection of false PTSD [J]. The Journal of the American Academy of Psychiatry and the Law, 2019, 47 (3): 325 - 334.
[126] McLean K C, Delker B C, Dunlop W L, et al. Redemptive stories and those who tell them are preferred in the U. S [J]. Collabra: Psychology, 2020, 6 (1): 39.
[127] Meier A M, Carr D R, Currier J M, et al. Attachment anxiety and avoidance in coping with bereavement: Two studies [J]. Journal of Social and Clinical Psychology, 2013, 32 (3): 315 - 334.
[128] Miao X R, Chen Q B, Wei K, et al. Posttraumatic stress disorder: From diagnosis to prevention [J]. Military Medical Research, 2018, 5 (1): 32.
[129] Mikal-Flynn, J. MetaHabilitation: How to survive life after trauma [EB/OL]. [2012 - 04 - 06]. https: //www. nursingtimes. net/MetaHabilitation-how-to-survive-life-after-trauma/5043615. article.
[130] Mikal-Flynn J, Anderson L S, Hoffman J. Posttraumatic growth and MetaHabilitation in recreational therapy practice: A strengths-based pathway to recovery [J]. Therapeutic Recreation Journal, 2018, 52 (3): 269 - 287.
[131] Monahon C. Children and trauma: a guide for parents and professionals [M]. San Francisco: Jossey-Bass Publishers, 1997.
[132] Greenberg N, Brooks S, Dunn R. Latest developments in post-traumatic stress disorder: Diagnosis and treatment [J]. British Medical Bulletin,

2015, 114 (1): 147 - 155.

[133] Neimeyer R A. Constructivist psychotherapy: Distinctive features [M]. London, New York: Routledge, Taylor & Francis Group, 2009.

[134] Neimeyer R A. Meaning reconstruction in bereavement: Development of a research program [J]. Death Studies, 2019, 43 (2): 79 - 91.

[135] Neimeyer R A. Process interventions for the constructivist [M] //H R. Constructing realities. San Francisco: Jossey-Bass, 1996.

[136] Neimeyer R A, Thompson B E. Meaning making and the art of grief therapy [M] //Thomspon B E, Neimeyer R A. Series in death, dying, and bereavement. Grief and the expressive arts: Practices for creating meaning [M]. New York: Routlede, 2014.

[137] Neimeyer R A, Burke L A, MacKay M M, et al. Grief therapy and the reconstruction of meaning: From principles to practice [J]. Journal of Contemporary Psychotherapy, 2010, 40 (2): 73 - 83.

[138] Niedhammer I, David S, Degioanni S. Association between workplace bullying and depressive symptoms in the French working population [J]. Journal of Psychosomatic Research, 2006, 61 (2): 251 - 259.

[139] Field N P, Gao B, Paderna L. Continuing bonds in bereavement: An attachment theory based perspective [J]. Death Studies, 2005, 29 (4): 277 - 299.

[140] North C S, Hong B A. PTSD: A systematic approach to diagnosis and treatment: Accurate diagnosis and management depends on proper application of DSM-Ⅴ criteria [J]. Current Psychiatry, 2018, 17 (4): 35.

[141] O'Doherty D C M, Tickell A, Ryder W, et al. Frontal and subcortical grey matter reductions in PTSD [J]. Psychiatry Research: Neuroimaging, 2017, 266: 1 - 9.

[142] Orovou E, Theodoropoulou I M, Antoniou E. Psychometric properties of the Post Traumatic Stress Disorder Checklist for DSM - Ⅴ (PCL - 5) in Greek women after cesarean section [J]. PLoS One, 2021, 16 (8): e0255689.

[143] Pagura J, Stein M B, Bolton J M, et al. Comorbidity of borderline personality disorder and posttraumatic stress disorder in the U. S. population [J]. Journal of Psychiatric Research, 2010, 44 (16): 1190 - 1198.

[144] Pitman A L, King M B, Marston L, et al. The association of loneliness after sudden bereavement with risk of suicide attempt: A nationwide

survey of bereaved adults [J]. Social Psychiatry and Psychiatric Epidemiology, 2020, 55 (8): 1081 - 1092.
[145] Prescod D J, Zeligman M. Career adaptability of trauma survivors: The moderating role of posttraumatic growth [J]. The Career Development Quarterly, 2018, 66 (2): 107 - 120.
[146] Prigerson H G, Maciejewski P K, Reynolds C F, et al. Inventory of complicated grief: A scale to measure maladaptive symptoms of loss [J]. Psychiatry Research, 1995, 59 (1/2): 65 - 79.
[147] Ramos C, Leal I. Posttraumatic growth in the aftermath of trauma: A literature review about related factors and application contexts [J]. Psychology, Community & Health, 2013, 2 (1): 43 - 54.
[148] Remch M, Laskaris Z, Flory J, et al. Post-traumatic stress disorder and cardiovascular diseases: A cohort study of men and women involved in cleaning the debris of the world trade center complex [J]. Circulation Cardiovascular Quality and Outcomes, 2018, 11 (7): e004572.
[149] Renner L M, Slack K S. Intimate partner violence and child maltreatment: Understanding intra-and intergenerational connections [J]. Child Abuse & Neglect, 2006, 30 (6): 599 - 617.
[150] Gross R. Understanding grief: An introduction [M]. London, New York: Routledge, Taylor & Francis Group, 2016.
[151] Rizzo A, Shilling R. Clinical Virtual Reality tools to advance the prevention, assessment, and treatment of PTSD [J]. European Journal of Psychotraumatology, 2017, 8 (sup5): 1414560.
[152] Kastenbaum R. Death, society, and human experience [M]. 9th ed. Boston, MA: Pearson/Allyn and Bacon, 2007.
[153] Rosenblatt P C, Jackson D A, Walsh R P. Coping with anger and aggression in mourning [J]. OMEGA-Journal of Death and Dying, 1973, 3 (4): 271 - 283.
[154] Ruini C, Vescovelli F. The role of gratitude in breast cancer: Its relationships with post-traumatic growth, psychological well-being and distress [J]. Journal of Happiness Studies, 2013, 14 (1): 263 - 274.
[155] Salehi M, Amanat M, Mohammadi M, et al. The prevalence of post-traumatic stress disorder related symptoms in Coronavirus outbreaks: A systematic-review and meta-analysis [J]. Journal of Affective Disorders, 2021, 282: 527 - 538.
[156] Scheeringa M S, Zeanah C H, Myers L, et al. New findings on alternative

criteria for PTSD in preschool children [J]. Journal of the American Academy of Child & Adolescent Psychiatry, 2003, 42 (5): 561 - 570.

[157] Schiraldi G R. The post-traumatic stress disorder sourcebook: a guide to healing, recovery, and growth [M]. Los Angeles, Calif.: Lowell House, 2000.

[158] Schubert C F, Schmidt U, Rosner R. Posttraumatic growth in populations with posttraumatic stress disorder-a systematic review on growth-related psychological constructs and biological variables [J]. Clinical Psychology & Psychotherapy, 2016, 23 (6): 469 - 486.

[159] Schumacher S, Niemeyer H, Engel S, et al. HPA axis regulation in posttraumatic stress disorder: A meta-analysis focusing on potential moderators [J]. Neuroscience & Biobehavioral Reviews, 2019, 100: 35 - 57.

[160] Schwabe L, Wolf O T. Stress and multiple memory systems: From 'thinking' to 'doing' [J]. Trends in Cognitive Sciences, 2013, 17 (2): 60 - 68.

[161] Shalev A Y. Measuring outcome in posttraumatic stress disorder [J]. The Journal of Clinical Psychiatry, 2000, 61 (Suppl 5): 33 - 39.

[162] Shapiro F. EMDR humanitarian assistance programs: Building sustainable mental health resources worldwide [J]. Stress Points, 2012, 12: 2 - 3.

[163] Shapiro F. Eye movement desensitization and reprocessing basic principles, protocols, and procedures [M]. 2nd ed. New York: Guilford Press, 2001.

[164] Shaw D. Traumatic narcissism and recovery: Leaving the prison of shame and fear [M]. London, New York: Routledge, Taylor & Francis Group, 2021.

[165] Shear M K. Complicated grief [J]. New England Journal of Medicine, 2015, 372 (2): 153 - 160.

[166] Silverman P R. Widow to widow: How the bereaved help one another [M]. 2nd ed. New York: Brunner Routledge, 2004.

[167] Smith D. Angry thoughts, at-risk hearts [J]. Monitor Staff, 2003, 34 (3): 46.

[168] Stein M B, Jang K L, Taylor S, et al. Genetic and environmental influences on trauma exposure and posttraumatic stress disorder symptoms: A twin study [J]. The American Journal of Psychiatry, 2002, 159 (10): 1675 - 1681.

[169] Stroebe M, Schut H. The dual process model of coping with bereavement: Rationale and description [J]. Death Studies, 1999, 23 (3): 197 - 224.
[170] Stroebe M, Stroebe W, van de Schoot R, et al. Guilt in bereavement: The role of self-blame and regret in coping with loss [J]. PLoS One, 2014, 9 (5): e96606.
[171] Stroebe M S, Abakoumkin G, Stroebe W, et al. Continuing bonds in adjustment to bereavement: Impact of abrupt versus gradual separation [J]. Personal Relationships, 2012, 19 (2): 255 - 266.
[172] Stroebe M S, Gergen M, Strocbe W. Broken hearts or broken bonds? Continuing bonds: New understandings of grief [M]. New York: Routlede, 1996.
[173] Stroebe M S. Handbook of bereavement research: Consequences, coping, and care [M]. Washington, DC: American Psychological Association, 2001.
[174] Stroebe M, Schut H, Boerner K. Cautioning health-care professionals: Bereaved persons are misguided through the stages of grief [J]. Omega-Journal of Death and Dying, 2017, 74 (4): 455 - 473.
[175] Stroebe M, Schut H. The dual process model of coping with bereavement: A decade on [J]. Omega-Journal of Death and Dying, 2010, 61 (4): 273 - 289.
[176] Tedeshi R G, Calhoun L G. Posttraumatic growth: Conceptual foundations and empirical evidence [M]. Philadelphia: Lawrence Erlbaum Associates, 2004.
[177] Tian Y L, Liu H, Guse L, et al. Association of genetic factors and gene-environment interactions with risk of developing posttraumatic stress disorder in a case-control study [J]. Biological Research for Nursing, 2015, 17 (4): 364 - 372.
[178] Lindström T C. Anxiety and adaptation in bereavement [J]. Anxiety, Stress & Coping, 1995, 8 (3): 251 - 261.
[179] Triplett K N, Tedcschi R G, Cann A, et al. Posttraumatic growth, meaning in life, and life satisfaction in response to trauma [J]. Psychological Trauma: Theory, Rcsearch, Practice, and Policy, 2012, 4 (4): 400 - 410.
[180] van den Berg D P G, de Bont P A J M, van der Vleugel B M, et al. Prolonged exposure vs eye movement desensitization and reprocessing vs

waiting list for posttraumatic stress disorder in patients with a psychotic disorder: A randomized clinical trial [J]. JAMA Psychiatry, 2015, 72 (3): 259 - 267.

[181] van der Kolk Bessel A. Psychobiology of posttraumatic stress disorder [M] //Textbook of Biological Psychiatry. Hoboken, NJ, USA: John Wiley & Sons, Inc., 2004: 319 - 344.

[182] van Emmerik A A P, Reijntjes A, Kamphuis J H. Writing therapy for posttraumatic stress: A meta-analysis [J]. Psychotherapy and Psychosomatics, 2013, 82 (2): 82 - 88.

[183] van Minnen A, van der Vleugel B M, van den Berg D P G, et al. Effectiveness of trauma-focused treatment for patients with psychosis with and without the dissociative subtype of post-traumatic stress disorder [J]. The British Journal of Psychiatry, 2016, 209 (4): 347 - 348.

[184] van Pelt Y, Fokkema P, de Roos C, et al. Effectiveness of an intensive treatment programme combining prolonged exposure and EMDR therapy for adolescents suffering from severe post-traumatic stress disorder [J]. European Journal of Psychotraumatology, 2021, 12 (1): 1917876.

[185] Watkins L E, Sprang K R, Rothbaum B O. Treating PTSD: A review of evidence-based psychotherapy interventions [J]. Frontiers in Behavioral Neuroscience, 2018, 12: 258.

[186] Weathers F W, Litz B T, Keane T M, et al. The PTSD checklist for DSM-V (PCL-5) [M]. Boston: National Center for PTSD, 2013.

[187] Stroebe M S. Handbook of bereavement research and practice: advances in theory and intervention [M]. Washington, DC: American Psychological Association, 2008.

[188] Lichtenthal W G, Breitbart W. The central role of meaning in adjustment to the loss of a child to cancer: Implications for the development of meaning-centered grief therapy [J]. Current Opinion in Supportive and Palliative Care, 2015, 9 (1): 46 - 51.

[189] Farmer R. Book review: Posttraumatic stress disorder: Diagnosis, management, and treatment, 2nd edition [J]. Annals of Pharmacotherapy, 2010, 44 (4): 773.

[190] Wong P T P. Meaning of life and meaning of death in successful aging [M] //Death Attitudes and the Older Adult. London, New York: Routledge, Taylor & Francis Group, 2018: 23 - 36.

[191] Worden J W. Grief counseling and grief therapy: A handbook for the mental health practitioner [M]. 5th ed. New York: Springer Publishing Company, 2018.
[192] World Health Organization. Guidelines for the management of conditions that are specifically related to stress [M]. Geneva: World Health Organization, 2013.
[193] Yehuda R, Southwick S M, Nussbaum G, et al. Low urinary cortisol excretion in patients with posttraumatic stress disorder [J]. The Journal of Nervous and Mental Disease, 1990, 178 (6): 366 - 369.
[194] Yunitri N, Chu H, Kang X L, et al. Global prevalence and associated risk factors of posttraumatic stress disorder during COVID - 19 pandemic: A meta-analysis [J]. International Journal of Nursing Studies, 2022, 126: 104 - 136.
[195] Zhang Y H. The treatment and research for posttraumatic stress disorder with Chinese medicine [J]. European Journal of Psychotraumatology, 2014, 5: 26524.
[196] Zhou Y, Wu L, Sun L, et al. Prolonged exposure combined with mindfulness-based meditation to interfere PTSD [J]. Advances in Psychology, 2019, 9 (11): 1907 - 1920.
[197] 胡嘉琪. 创伤知情：创伤比你以为的更普遍【音频课程含讲义】：从认知、情绪、身体三大面向安定身心（有声书）. 2020，台北：遍路文化。
[198] 网站：哀伤疗愈家园（www. aishang61. com）。
[199] 公众号：哀伤疗愈之家。
[200] 公众号：临床与咨询心理实验室。

后记

哀伤辅导系列课程的执行力量为华中科技大学的“行走的社工”社会工作团队。正是这支 20 多人的团队每日不断线的公益劳动投入，保证了哀伤辅导二十讲课程在疫情期间得以顺利进行。

该团队成立于 2019 年 3 月，缘起于我在课堂上的教育实践。我积极倡导同学们在生活中践行社会工作专业理念，随时随地、随情随境，依据专业价值行事，有效亦有益、自助亦助人，持续地输出关爱与支持，促进社会正义与幸福。同名微信公众号于 2019 年 3 月 31 日起正式运行。“行走的社工”团队主体是我所带的社会工作硕士生和本科生，在新冠疫情防控期间，团队加入了社会志愿者队伍。

应“疫情救助中的哀伤辅导实务课程”制作需要，团队被分为六组。

第一组，文字整理组。负责收集授课讲师信息，整理课程逐字稿和简练稿，撰写微信公众号推文。参与者包括陈美言、郑先令、朱佳成、高颖、李琳、向亮萤、张雨欣、韩婧怡、徐文瀚、余虹璇、王思敏、彭永佳。

第二组，公众号组。负责推文的编辑和排版，参与者包括侯思怡、鲍晶晶。

第三组，宣传组。负责课程海报制作、课程推广与宣传、直播平台测试以及直播课程录制，参与者包括胡文静、李春燕。

第四组，群运组。负责管理和运营课程微信群，参与者包括胡文静、韩婧怡、张雨欣、吴天啸。

第五组，综合协调组。总体协调各组工作，由郑先令负责。

第六组，技术衔接。由房宋负责。

其中，房宋，武汉大学 2011 届社会学本科毕业生，现为武汉守明科技有限公司技术负责人；李琳，武汉大学 2013 届社会学本科毕业生，现任职于维沃移动通信有限公司；高颖，华中科技大学 2018 届社会工作硕士，现为自由职业者；彭永佳，英国谢菲尔德大学硕士，现为独立策划人；徐文瀚、余虹璇，上海师范大学 2018 届社会工作专业本科生。其他同学为 2020 届华中科技大学社会工作专业硕士或本科在读同学。至本书出版时，所有同学皆已毕业，有的继续升学念博士，如郑先令、王思敏；有的从本科升入硕士，如向亮萤；有的出国留学，如陈美言；其他同学大多已走上工作岗位。

谢谢你们！特此记录，以铭记生命里我们曾共同战斗的那段时光。愿诸君行走四方，继续散发爱与勇气的光芒！

任敏

2022 年 6 月 25 日